AF312632

CAHIERS INTERNATIONAUX

M. BOGHITCHÉVITCH

LES CAUSES

DE LA GUERRE

F. RIEDER ET Cie, ÉDITEURS

LES CAUSES DE LA GUERRE

M. BOGHITCHÉVITCH

LES CAUSES
DE LA GUERRE

Traduit par l'auteur

AVANT-PROPOS PAR GEORGES DEMARTIAL

CAHIERS INTERNATIONAUX

F. RIEDER ET Cie, ÉDITEURS
7, *Place Saint-Sulpice*
PARIS

Le livre de M. Boghitchévitch, déjà publié en Allemagne et en Angleterre, se recommande de lui-même. Nul plus que cet ancien diplomate serbe n'était mieux en mesure de traiter la partie orientale des origines de la guerre. Ce que je veux ici, c'est raconter un trait de sa vie qui, en même temps qu'il fait connaître l'homme, pose admirablement une question passionnante : le citoyen d'un état en guerre peut-il travailler à rétablir la paix?

Boghitchévitch est fils d'un ministre des affaires étrangères de Serbie. D'abord professeur de droit international à la faculté de Belgrade, il entra à son tour dans la diplomatie, fut chargé d'affaires en France de 1904 à 1907, puis en Allemagne de 1907 à 1914. En mai de cette année il fut nommé agent diplomatique au Caire. C'est à ce poste qu'en mars 1915 il apprit de Constantinople, d'une source absolument sûre, que les Allemands étaient décidés a envahir la Serbie. Les défaites russes en Galicie, la conviction que les Bulgares se joindraient aux Allemands, ne lui faisaient que trop pressentir le sort réservé à la Serbie. Voyant que seule la paix entre la France et l'Angleterre d'une part et les puissances centrales de l'autre pourrait sauver son pays de l'invasion, il décida de profiter de ses relations personnelles à Paris et à Berlin pour voir si quelque chance s'en présentait. Sans solliciter l'autorisation de son gouvernement ni même sans le consulter, il se rendit à Paris et alla voir Jules Cambon, ancien ambassadeur à Berlin, avec qui il s'était particulièrement lié, et lui demanda s'il y avait des possibilités de négociations. Cambon lui répondit que c'était à l'Allemagne, responsable de la guerre, à proposer la paix. Boghitchévitch lui dit être prêt à aller s'assurer en Suisse des dispositions de l'Allemagne. Cambon accepta.

Une fois en Suisse, Boghitchévitch se rendit compte qu'il n'y pouvait rien savoir de précis. Considérant que l'histoire n'avait jamais offert d'exemple d'un pareil carnage, il résolut de transgresser les coutumes de la guerre. Il fit demander à M. Zimmermann, sous-secrétaire d'état des affaires étrangères d'Allemagne, avec qui il avait aussi des rapports d'amitié, s'il le recevrait. Zimmermann lui envoya immédiatement un passeport. Fin d'août 1915, Boghitchévitch était à Berlin. Il exposa au sous-secrétaire d'état qu'il venait à titre absolument personnel, et dans le seul but d'éviter à son pays les horreurs d'une invasion. Celui-ci ne lui cacha pas qu'en effet les Allemands allaient entreprendre, à la demande de l'Autriche et de la Turquie, une grande offensive en Serbie, mais qu'ils étaient toujours disposés à prendre en considération toute proposition de paix.

Boghitchévitch offrit alors à Zimmermann de servir d'intermédiaire entre Cambon et lui, ce qui leur permettrait des échanges de vues plus libres que par l'intermédiaire officiel des puissances neutres. Zimmermann accepta avec empressement ; Cambon se montra réfractaire. L'offensive allemande en Serbie commença avec le succès que l'on sait, et les Russes éprouvèrent de nouvelles défaites. Boghitchévitch voulut revoir Cambon. Celui-ci, qui sur ces entrefaites était devenu secrétaire général du ministère des affaires étrangères, refusa de le recevoir. Boghitchévitch passa le reste de la guerre en Suisse, pendant que le gouvernement serbe était forcé de fuir jusqu'à Corfou et Nice.

L'intervention des Etats-Unis changea la face des choses. Mais Boghitchévitch est persuadé, non sans apparence de raison, que sans elle la Serbie eût connu un sort désastreux, et ne regrette rien de son action, uniquement inspirée du désir de lui éviter. Après avoir songé à le mettre en accusation, son gouvernement se contenta de le mettre à la retraite.

Tout homme de cœur ne pourra qu'admirer la conduite de Boghitchévitch, et regretter qu'il n'y ait pas en temps de guerre plus d'hommes décidés à lutter personnellement pour la paix. Mais on les emprisonne ? Eh bien, c'est justement ce qui ne devrait pas être.

« Il s'est trouvé un procureur général pour soutenir, au procès Caillaux, que trois principes d'ordre moral dominent la conduite des citoyens d'un pays en guerre : croire à la victoire, ne pas pratiquer une autre politique que le gouvernement, seul renseigné et seul responsable, et surtout ne pas négocier en dehors de lui. Poussa-t-on jamais plus loin l'ineptie ? Croire à la victoire ? Mais si c'est pour rendre la défaite cent fois plus sanglante et ruineuse. Voyez les Allemands ! Le gouvernement seul renseigné ? Alors mieux vaut être Cafre ou Canaque, car lorsque sa tribu se bat, il sait au moins pourquoi. Ne pas négocier en dehors du gouvernement, qui le demande ? Personne ne peut négocier en dehors du gouvernement, puisque le gouvernement seul a qualité pour engager le pays... Mais tout le monde peut conseiller et réclamer la paix, parce que le gouvernement tient son pouvoir de l'opinion, et que l'opinion ne peut s'exprimer sans liberté... Si la France doit faire encore la guerre, suffira-t-il encore d'un ordre de mobilisation pour qu'instantanément la France se transforme en un troupeau de gladiateurs et de tourneurs d'obus, personne n'ayant le droit de demander pourquoi la guerre, et personne, sauf le transitoire ministre des affaires étrangères, ne pouvant sans trahir prononcer le mot de paix ? »

A

J'avais écrit ces lignes dans *Comment on mobilisa les consciences*, et espéré que, dans un pays où tant de gens se disent pacifiques, où une Ligue des Droits de l'homme et *du citoyen* compte cent mille membres, et qui a vu le procès Caillaux, celles-là au moins retiendraient l'attention. Elles n'ont rien retenu du tout. Revienne la guerre, on en sera encore au patriotisme des moutons de Panurge. Il n'en faut donc qu'honorer davantage l'homme qui s'est singularisé au point, brisant des conventions dont il aurait été plus excusable que tout autre de rester l'esclave, d'aller en pays ennemi essayer d'ouvrir une voie à la paix. S'il avait fait comme tout le monde, il occuperait vraisemblablement, comme ses aïeux, une des plus hautes situations en Serbie. Il vit en exil !

Boghitchévitch a pris aussi une autre liberté. Il reconnaît des torts à son pays dans les origines de la guerre. Ce sera une raison de plus pour que son livre soit frappé d'ostracisme. Car si nos Justes vantent l'indépendance d'un Eckardstein ou d'un Lichnowsky, ils blâment celle d'un Rosen, d'un Boghitchévitch ou d'un Georges Louis, parce que les premiers de ces diplomates reconnaissent des torts au gouvernement allemand, tandis que les seconds en reconnaissent aux gouvernements russe, serbe et français.

G. Demartial.

PRÉFACE DE LA PREMIÈRE ÉDITION

La guerre est terminée. On ose, la censure supprimée, exprimer publiquement son opinion.

Ces notes ayant été rédigées pour la plupart il y a trois ans déjà, je me vois, devancé par les événements, dans l'obligation d'en supprimer certaines parties.

La présente étude n'a pas la prétention d'être concluante et complète. Comment le pourrait-elle, étant donné l'immensité des faits dans l'espace et le temps ?

L'un de ses objets sera pourtant atteint si elle contribue à éclaircir les événements dont le dernier terme fut la guerre. Quant à ses autres buts, ils sont de montrer les dangers de la diplomatie secrète [1], des antipathies et antagonismes des chefs ou hommes d'État au pouvoir, d'attirer l'attention sur la conception de la notion de morale dans les rapports entre États, et, enfin, de fournir des indications documentaires aux personnes qualifiées pour rechercher la vérité.

J'ai voulu aussi démontrer, en écrivant ces pages, qu'on ne saurait tirer des documents officiels pu

1. Cf. annexe XX.

*bliés par les ex-belligérants des conclusions abso-
lues touchant leur responsabilité, leur degré de
culpabilité ; il convient plutôt, pour porter un jugement équitable sur les circonstances politiques
qui ont conduit à la guerre, d'inventorier les documents secrets, c'est-à-dire non publiés, d'examiner l'action de certains hommes d'Etat (rapports,
déclarations, publications, interviews). Il est surtout d'une haute importance de ne pas considérer
uniquement à leur dernier stade les événements
d'où surgit la guerre, car ces événements ne sont
intelligibles que s'ils sont reliés historiquement,
rapportés, à ceux qui les ont précédés.*

*Cet ouvrage étant spécialement consacré à la
Russie et à la Serbie, je me suis abstenu de porter
des jugements sur les relations complexes de l'Allemagne avec les grandes puissances occidentales.
Que d'autres, plus compétents, tirent toute la leçon
de mes observations et constatations personnelles.*

*Je sais que la position que je prends contredit
toutes les traditions et conceptions du passé. La
monstruosité des choses m'y oblige. Rompre avec
tous les égards accordés à des systèmes périmés est
le seul moyen d'instaurer en Europe quelque chose
de nouveau et de sain. Telle est ma conviction.
Mais il faut, pour que mes assertions soient tenues
pour vraies, qu'elles soient approuvées par d'autres.
Or le temps corrige les erreurs, fait justice des
faux historiques. Ainsi en sera-t-il dans l'avenir.
La question des responsabilités sera discutée dans
tous les pays, y compris ceux qui furent victorieux.
Les sources seront suffisantes. Chacun apportant
son effort, sans respect pour les gouvernants de cer-*

tains pays dont la politique représente des temps révolus, les responsables des souffrances de l'humanité ne pourront pas, quels qu'aient été leurs mobiles, ne pas être touchés par le remords [1]. Tourmentés intérieurement, ils s'excuseront et s'accuseront ; incertains d'abord du proche avenir, les conséquences de leur conduite leur deviendront sensibles avec le temps, et, un jour, chez l'un ou l'autre, bouleversés, s'éveillera avec une force irrésistible le repentir, et, avec le repentir, le besoin de l'aveu.

Zurich, mai 1919.

1. Citons, comme exemple, l'aveu du général et ancien chef d'Etat-major russe Janouchkevitch fait au prince Toundoutof. Voir Hœniger, dans le Livre blanc allemand. *Zur Vorgeschichte des Weltkrieges*, Heft 2, 1921, p. 132.

———

La première édition a paru, d'abord en allemand, puis en anglais. L'intérêt suscité par les faits exposés par mon livre dans les milieux diplomatiques et chez ceux qui cultivent l'histoire, celui, toujours croissant, que les anciens neutres, l'Italie et même la France, manifestent à la recherche des causes et des responsabilités de la guerre m'ont démontré l'utilité de publier également une version française. Le besoin s'en fait d'autant plus ressentir que, depuis la parution de la première édition, toute une série de publications, d'écrits justificatifs, de critiques et surtout de documents officiels ont vu le jour, fort importants pour établir toutes les responsabilités, et qui présentent les choses sous un nouvel aspect. Deux ans à peine se sont écoulés, et pour la plupart, comme je le prévoyais, mes assertions sont confirmées.

A en juger par les publications relatives aux antécédents de la guerre mondiale, la recherche de la vérité est favorablement conduite, et nul ne peut empêcher sa démonstration historique.

La première édition a été écrite et achevée sous l'impression toute fraîche des monstrueux événements qui ont ébranlé l'Europe jusque dans ses fondements. Mes déceptions, l'amertume provoquée en moi par l'attitude et la politique du gouvernement serbe qui causèrent à la Serbie tant de torts et de pertes, le sentiment de l'ingratitude à mon égard dudit gouvernement ont pu jusqu'à un certain point influencer mes appréciations. Afin d'atteindre à la plus haute objectivité possible et de résoudre une question de conscience difficile, je me suis abstenu, dans la deuxième édition, autant que cela est pratiquement possible, de juger la politique intérieure serbe. J'ai réduit au minimum mes remarques critiques, afin de mieux faire ressortir la matérialité des faits, suffisamment éloquents par eux-mêmes. De plus, j'ai supprimé le chapitre traitant, dans la première édition, des tentatives de paix survenues au cours de la guerre, ce chapitre étant étranger à l'objet général de cet ouvrage et pouvant apparaître comme un essai de justification personnelle, actuellement superflue.

Il m'a paru utile, par contre, une enquête critique et historique sur les causes de la guerre ayant été ouverte en Angleterre, en France, en Italie, ailleurs, par des hommes qui mettent la vérité au-dessus de tout, d'ajouter à mon livre un court chapitre, bâti sur des observations personnelles, et consacré aux rapports de l'Allemagne avec la France et l'Angleterre, d'une part, de la France et de la Serbie d'autre part, dans la mesure où ces rapports offrent quelque relation avec les causes de la guerre.

J'ai cru bon aussi de mentionner les différentes publications d'origine neutre ou allemande qui ouvrent quelques horizons sur la politique extérieure *des puissances occidentales et centrales, car peu de ces ouvrages ont été traduits en français ou sont connus du public en France.*

Enfin, dans la présente édition, les documents figurent en annexes dans l'ordre chronologique.

J'ose espérer que mon exposé contribuera à faciliter un échange de vues entre ceux qui se sont voués à la recherche des causes du plus effroyable des cataclysmes qu'ait enregistrés l'histoire universelle, et s'efforcent à ouvrir la voie à un rapprochement international, à une entente entre peuples, irresponsables de la guerre. Trois grandes nations, en particulier la France, l'Angleterre, l'Allemagne, et l'Europe en général, ont le plus pressant besoin de ce rapprochement.

Je m'occupe dans ce livre spécialement des responsabilités de la Russie tsariste et de la Serbie ; j'effleure celles de la France, de l'Angleterre et de l'Italie, mais je n'ai pas cru devoir traiter des responsabilités de l'Allemagne et de l'Autriche, car elles sont d'un genre différent, comme le lecteur pourra en juger par les indications de ce livre. Chaque pays belligérant a eu sa part des responsabilités de la guerre. Mais chaque juge impartial devra établir de quel genre et de quel degré sont ces responsabilités.

Par suite de circonstances imprévues ce livre est sous presse depuis 1922. C'est pourquoi je n'ai pu mettre le lecteur d'une façon plus explicite au courant de nouvelles révélations, de sorte que j'ai dû me borner à les mentionner sans commentaire. Que le lecteur veuille bien excuser certaines lacunes.

Paris, mai 1925.

LES CAUSES DE LA GUERRE

I

L'ANTAGONISME AUSTRO-RUSSE

Depuis nombre d'années, les rapports de l'Allemagne avec la France et l'Angleterre et ceux de l'Autriche avec la Russie mettaient en péril le maintien de la paix européenne.

A l'origine de la ligne de conduite des hommes d'Etat qui assumèrent la direction de la politique étrangère russe est la désillusion causée par le traité de Berlin qui défit celui préliminaire de San-Stephano. En conséquence cette politique tendit, non seulement à l'anéantissement de la Turquie, mais à celui de l'Autriche-Hongrie considérée comme une rivale balkanique et slave. Elle aboutit, après quarante ans d'efforts, à la guerre européenne, par laquelle la Russie espérait atteindre enfin le but si longtemps convoité [1].

Or, justement, durant les années qui précédèrent la guerre, le désir de maintenir la paix européenne fit que, particulièrement dans les sphères dirigeantes en Angleterre et en Allemagne, on n'attribua pas à l'antagonisme latent austro-russe toute l'attention qu'il méritait, et on ne reconnut le danger que lorsqu'il fut trop tard pour le conjurer. C'est ainsi que l'on considéra les difficultés qui aboutirent aux guerres des Balkans de 1912 à 1913 principalement du point de vue des Etats balkaniques au lieu de s'occuper des causes profondes et antérieures du conflit.

Un bref aperçu de la politique de la Russie durant ces dernières décades et de ses rapports avec l'Autriche apparaît nécessaire pour rendre clair le différend austro-russe.

*
* *

C'est avec une juste notion de leur propre situation géographique que les deux puissances rivales de l'Est se sont efforcées de

1. Von Jagow, se plaçant au point de vue allemand, a pu dire aussi avec raison, dans son livre (*Ursachen und Ausbruch des Weltkrieges*, p. 15) : « Le Congrès de Berlin fut le glas funèbre de l'amitié russo-allemande. »

faire prévaloir leur influence dans les Etats balkaniques limitrophes.

Ainsi, l'Autriche-Hongrie soutint déjà la Serbie au Congrès de Berlin et c'est au comte Andrassy que ce pays doit d'avoir reçu par le traité de Berlin des territoires qui, suivant les clauses de celui de San-Stephano, avaient été attribués par les Russes à la principauté de Bulgarie qu'ils voulaient créer. Un fait analogue se produisit durant la guerre bulgaro-serbe de 1885, quand le comte Khevenhueller, ministre d'Autriche à Belgrade, s'opposa à la continuation de l'avance des troupes bulgares.

Sous le règne du roi Milan, la Serbie se trouvait entièrement sous l'influence autrichienne cependant que la Bulgarie gravitait dans l'orbite russe. L'abdication du prince Alexandre de Battemberg démontra de quelle façon brutale la Russie agit pour établir et maintenir son influence en Bulgarie. Il est vrai que le successeur d'Alexandre, Ferdinand de Cobourg, accéda au trône grâce à l'appui secret de l'Autriche et spécialement comme *persona grata* auprès de la Hongrie. Ferdinand chercha, après son avènement, un appui dans le mouvement antirusse, qui s'était manifesté chez le peuple bulgare et dont Stambulow était le chef. Naturellement, la Russie fit au nouveau prince la même opposition qu'à son prédécesseur. Et cela dura jusqu'à la « réconciliation », marquée par la conversion à l'orthodoxie du prince héritier Boris et la réhabilitation des officiers bulgares qui avaient participé à la conspiration contre Alexandre de Battemberg.

Nous laissons à des écrivains compétents le soin de retracer l'activité provocatrice déployée en Bulgarie par la Russie durant cette période, ses instigations à l'assassinat de Stambouloff, et de décrire la politique du roi Ferdinand.

En Serbie aussi, la Russie dépensa beaucoup d'énergie à combattre l'influence de l'Autriche, mais, au lieu de concentrer, comme à Sofia, ses efforts sur la personne du souverain, afin de le gagner à sa cause, elle intrigua contre le roi Milan afin de l'obliger à abdiquer. Ces menées furent couronnées de succès.

L'énumération est longue des moyens dont usa Pétersbourg pour élargir et intensifier son influence :

Activité exceptionnelle des agents russes dans les pays balkaniques, et en particulier du ministre Hitrowo, à Bucarest, centre de la propagande russe de 1880 à 1890 ;

Ingérence dans les affaires intérieures serbes, par voie d'excitation des politiciens contre le roi Milan, de subvention des chefs du parti radical, de complicité dans l'insurrection de Zajetchar;

Intrigues à l'occasion du divorce du roi Milan et de la reine Nathalie, de naissance russe;

Tentatives d'assassinat dirigées contre le roi Milan;

Efforts aux fins de gagner le concours du roi de Monténégro, proclamé « ami unique de l'empereur Alexandre III »;

Tentative du ministre russe Jadowski d'ébranler la position du roi Milan comme commandant en chef de l'armée;

Consentement de Nicolas II à servir de témoin à l'occasion du mariage du roi Alexandre avec Draga Machine;

Reconnaissance *immédiate* de la dynastie des Karageorgevitch, aussitôt après l'assassinat du roi Alexandre.

Cette activité, victorieusement déployée, eut pour résultat, dans les dernières années, de placer la Serbie entièrement sous l'influence russe et de faire des hommes d'Etat serbes les dociles instruments d'une politique qui devait, tôt ou tard, provoquer une guerre européenne.

On exposera ailleurs les efforts de Pétersbourg en vue de créer une confédération balkanique.

L'étude de tous ces chapitres d'histoire po-

litique montre combien étaient bas le niveau
moral et le degré de civilisation des hommes
qui disposaient du peuple russe [1].

Il en ressort en outre que ces politiciens se
laissèrent principalement guider par des motifs personnels d'antipathie et de haine et non
par la notion des intérêts de l'Etat.

Parallèlement à la poursuite de la revanche
contre la Turquie et l'Autriche, bénéficiaires
de la revision du traité de San-Stephano, la
Russie ne cessait de s'efforcer de se répandre
en Extrême-Orient. L'importance accordée à
l'une et à l'autre de ces tendances politiques
variait avec le jeu des influences divergentes
qui s'exerçaient à la cour. De toute manière,
les gouvernants russes étaient bien hardis de
vouloir atteindre simultanément et dans un
aussi court délai des buts d'une telle ampleur.

Cependant l'alliance avec la France favorisa
ces doubles visées ; d'une part, la France fut
vite gagnée à la politique d'expansion de la
Russie, d'autre part son appui et son or permi-
rent à la Russie de consolider dans les Balkans son influence au détriment de l'Autriche.

En outre, cette même alliance, grâce à
l'amélioration des relations entre Londres et
Paris, contribua à atténuer les divergences
entre l'Angleterre et la Russie.

1. Voir Von Jagow, *Ursachen und Ausbruch des Weltkrieges*, p. 22.

Pour gagner du temps et résoudre d'abord la question d'Extrême-Orient, le comte Mouraview suggéra à Nicolas II le projet de conférence de la paix, qui devait se tenir à la Haye. Ici, cette question se pose : Comment la Russie, qui, de toutes les puissances, était la plus fortement déterminée à poursuivre une politique de violences et de conquêtes (hégémonie dans les Balkans, questions des Dardanelles, de la Baltique, hégémonie en Extrême-Orient[1]) en vint-elle à prendre l'initiative de cette réunion pacifiste ?

En octobre 1903, la Russie conclut à Murzsteg, avec l'Autriche, dans un esprit analogue d'insincérité, un arrangement concernant la Macédoine, grâce auquel Pétersbourg se flattait d'avoir, temporairement au moins, les mains libres en Extrême-Orient. Elle avait en 1889 signé contre la même Autriche le traité à double fond (Rueckversicherungsvertrag) conçu par Bismarck, mais qui fut dénoncé plus tard par l'Allemagne.

On aurait pu beaucoup plus tôt barrer la politique russe d'agression en Europe et avec incomparablement moins de sacrifices pour l'humanité. Mais, déjà, quand le tsar lança la

---

1. Il est hors de doute, historiquement, que, bien que les Japonais aient ouvert les hostilités contre les Russes (1904-1905) sans déclaration préalable de guerre, ce fut la Russie qui voulut et prépara de longue date cette guerre.

proposition d'une conférence de la paix, au lieu de rechercher les véritables raisons de l'initiative, on se disposa à discuter des questions, alors prématurées, de paix éternelle, de désarmement et d'arbitrage obligatoire [1].

On ne discerna pas d'abord auquel de ses deux buts principaux s'appliquerait la politique russe ; quand on la vit se tourner vers l'Extrême-Orient, on jugea qu'elle ne constituerait pas une menace immédiate pour la paix européenne. Mais on aurait dû prévoir que, battue, son prestige affaibli en Asie, dès qu'elle aurait recouvré ses forces, — ce que ses immenses ressources devaient lui permettre à brève échéance, — la Russie se retournerait, avec un redoublement d'effort, vers l'Europe, vers les Balkans. La seconde conférence de la paix procura à la Russie en 1907 une occasion bienvenue de gagner du temps, de se réorganiser militairement [2], tout en faisant figure d'Etat « ami de la paix ».

La question de la Bosnie fut résolue, au moins provisoirement, en 1909, parce que l'Allemagne intervint et parce que la Russie,

---

1. Déjà, à l'occasion de la première conférence de la Haye, le roi Milan avait attiré l'attention sur les dangers de la politique russe d'expansion et avait exprimé son scepticisme sur les motifs de l'initiative russe, les buts et les résultats de la conférence.

2. Voir à ce sujet le Livre jaune de l'alliance franco-russe.

n'étant pas encore suffisamment prête, dut retarder l'exécution de ses plans d'agression contre l'Autriche. Mais, en mars 1914, quelques mois avant l'assassinat de l'archiduc héritier d'Autriche, le loquace ministre russe de la Guerre, Suchomlinow, proclamait *urbi et orbi* que son pays était archiprêt, et l'on vit, fin juillet de la même année, comment Pétersbourg tira parti de cette prétendue préparation[1].

Ces quelques indications sommaires cadrent avec notre étude. Elles méritent d'être approfondies par ceux qui recherchent, historiquement, scientifiquement, les vraies causes de la guerre.

Après ce court aperçu de l'évolution de la politique russe, il est nécessaire d'exposer en raccourci celle de l'Autriche-Hongrie.

Le gouvernement de Vienne s'était, depuis le passage au pouvoir du comte Andrassy, donné pour tâche de favoriser la consolidation intérieure de l'Etat serbe, agrandi grâce à l'intervention, au congrès de Berlin, de l'Autriche qui lui fit donner Nisch, Vranja et Pirot, villes que la Russie voulait voir attribuer

---

1. Voir l'article de la *Birchewia Wjedomosti* du 12 mars 1914. Voir aussi le Livre blanc, concernant les responsabilités des auteurs de la guerre (Berlin, juin 1919, p. 165-169).

à la Bulgarie, créée par elle. L'Autriche rencontra dans le roi Milan un souverain qui, conseillé par des hommes politiques considérables, tels MM. Pirotjanaz et Garachanine, avait une pleine conscience des besoins politiques et économiques serbes et était prêt à favoriser de toutes ses forces un rapprochement avec la monarchie voisine. Il s'y sentait d'autant plus personnellement enclin que la cour russe s'était montrée bien peu complaisante envers lui, et que la Russie, qui avait dû renoncer à certaines clauses du traité de San-Stephano, s'efforçait, même après avoir donné sa signature à celui de Berlin, de créer une Grande-Bulgarie aux dépens de la Serbie et des autres Etats balkaniques, et favorisait, contre Belgrade et Athènes, les aspirations bulgares en Macédoine.

Enfin, Milan se rendait compte que la Russie était incapable d'aider économiquement les Etats sur lesquels elle tentait d'étendre sa « protection ».

Mais les mésaventures personnelles du roi Milan, l'étroitesse d'esprit des agrariens hongrois, l'intransigeance du comte Tisza à l'égard des nationalités non hongroises, les multiples fautes extérieures de l'Autriche, qui ne sut pas tirer parti de circonstances politiques serbes favorables, empêchèrent de stabiliser une situation qui, du point de vue de la « Realpolitik», n'eût été pour les deux pays que naturelle et avantageuse[1].

Un parti, subventionné par la Russie et appuyé par des influences pan-slaves, se forma en Serbie, qui se donna pour double tâche de combattre le roi Milan et de dénoncer l'Autriche-Hongrie comme l'ennemi héréditaire. Cependant cet Etat « ennemi », fort hétérogène, avait plus de sujets serbo-croates que ne comptait de Serbes le royaume de Serbie lui-même, et Belgrade méconnaissait l'influence civilisatrice de l'Autriche, oubliait l'aide que celle-ci lui avait donnée au Congrès de Berlin. Le nouveau parti ne se soucia pas non plus du danger qui pourrait résulter à la longue de ses provocations à une grande puissance limitrophe. Le petit Etat serbe était au début de son développement. Le peuple, libéré depuis cinquante ans à peine du joug turc, vivait sous une forme d'organisation patriarcale qui s'accommode d'un régime d'absolutisme éclairé. Le nouveau parti, dit parti radical, dont plusieurs des chefs, de culture insuffisante, avaient fait quelques

---

1. Le comte Golouchowsky traitait souvent, dans ses discours aux Délégations, les Etats balkaniques de haut en bas, en écoliers auxquels on distribue des notes et des réprimandes. Le comte d'Ærenthal, par contre, amena de l'eau au moulin des panslavistes en annexant à l'Autriche la Bosnie.

études en Suisse et étaient en rapports avec des nihilistes russes, prétendait au contraire imposer au peuple ses doctrines socialisantes et parlementaires, prématurées.

La propagande autrichienne se montra en Serbie inférieure à celle de la Russie. Vienne se borna à témoigner au fils du roi Milan l'amitié qu'elle avait manifestée au père et à entourer d'égards la dynastie des Obrenovitch. Cette indolence la réduisit à assister, les bras croisés, à l'influence grandissante du parti radical et de la Russie. Elle vit ce parti, quand Milan abdiqua, s'emparer du pouvoir et s'y maintenir, à quelques intervalles près (régime Vladan Georgevitch) jusqu'à nos jours.

Dès cette époque, la confiance réciproque cessa de se manifester dans les relations des chefs des deux gouvernements. Aucune tentative de rapprochement ne put aboutir, bien que ce rapprochement fût occasionnellement jugé nécessaire par des personnalités politiques, appartenant à des partis différents (Milovanovitch, Veljkovitch, Peritch).

Constatant l'impossibilité de regagner en Serbie le terrain perdu, Vienne voulut du moins entretenir des rapports amicaux avec les souverains serbes (politique personnelle). François-Joseph ne fit pas défaut au roi Alexandre. Mais ce dernier, par son mariage avec Draga Machine, s'aliéna l'estime de la cour autrichienne ; ce mariage fut considéré comme une injure au principe monarchique ; de plus Alexandre se comporta d'une manière indigne envers son père, à qui François-Joseph voua jusqu'au delà de la tombe, une bienveillance paternelle[1]. Désabusée, l'Autriche-Hongrie crut qu'une amélioration de ses rapports avec la Serbie n'était réalisable qu'à travers un changement de dynastie ; elle donna son appui à des mouvements dirigés contre Alexandre, son épouse, et les Obrenovitch, au bénéfice de Pierre Karageorgevitch.

La dynastie des Karageorgevitch n'eût jamais, en effet, régné, si elle n'avait trouvé auprès du comte Golouchowsky, ministre des Affaires étrangères d'Autriche-Hongrie, un appui efficace. M. Müller[2], chef alors à Vienne du bureau d'informations du ministère, était en contact étroit avec le cousin du futur roi Pierre, M. Nenadovitch, qui fut plus

1. Les obsèques de Milan, premier roi de Serbie, après Kossovo, se firent aux frais de l'empereur François-Joseph, à Kruschedol en Syrmie (Hongrie). C'est là un des plus tristes épisodes de l'histoire de la Serbie.

2. Quand subitement mourut M. Müller, peu d'années après l'avènement du roi Pierre, laissant une veuve et des enfants dans une situation précaire, M. Nenadovitch s'employa auprès du roi pour obtenir, en témoignage de reconnaissance, en faveur de la famille du décédé, un secours en argent. Mais son intercession resta vaine.

tard ministre de Serbie à Constantinople et avec M. Voukachine Petrovitch, ancien ministre des Finances, résidant tous deux alors dans la capitale autrichienne. Pierre et son cousin se rencontrèrent à différentes reprises en territoire autrichien avec des partisans serbes, MM. Gentchitch, Novakovitch, Hadji-Thoma, notamment à Graz, Linz et Vienne.

Or Pierre, qui devait son trône aux Habsbourg, travailla systématiquement, dès son avènement, à la chute de l'empire austro-hongrois. Il avait exigé, comme condition de son accession au trône, l'assassinat d'Alexandre. Le crime fut commis avec cruauté et suivant des directives brutales qui visaient à régler à tout jamais la question dynastique.

Pierre Karageorgevitch avait, lors des négociations avec le gouvernement autrichien et les conjurés serbes, remis comme gage de solidarité, à son cousin Nenadovitch, une procuration générale écrite et signée de sa main. Ce dernier, peu avant sa mort, en septembre 1915, à Zurich, exprima le vœu que cette pièce ne fût pas remise au roi, mais au prince héritier Alexandre. Ainsi témoigna-t-il son mécontentement de l'ingratitude du roi envers lui et sa famille [1].

1. La divulgation de ces faits fut longtemps un objet d'inquiétude pour les Karageorgevitch. Un négociant, Steva Loukatchevitch, qui avait participé à la conspiration, ayant

On attribua uniquement la chute des Obrenovitch à des influences politiques serbes
intérieures, appuyées par la Russie, et on
inclina à considérer les militaires qui jouèrent
un rôle dans le drame du Konak comme de
vils assassins. Cette version est incorrecte. Ces
militaires agirent suivant leur conviction,
préoccupés de mettre fin à une situation intolérable et ils se montrèrent dans la suite
des officiers de grande valeur et de bons
patriotes [1].

L'Autriche, persuadée, comme on l'a vu,
que le changement intervenu améliorerait ses
relations avec la Serbie, reconnut immédiatement le nouvel état de choses. Des débats
significatifs se produisirent à ce sujet au parlement hongrois. Vienne se flattait de voir
le nouveau souverain prendre une attitude
loyale à son égard. Mais Pierre, roi de Serbie par la grâce de l'Autriche et des officiers
conspirateurs, ne montra pas plus de reconnaissance pour les services qui lui avaient
été personnellement rendus que pour l'atti-

commencé, il y a quelques années, la publication d'une
correspondance compromettante sur cette affaire, le roi
Pierre acheta à un très haut prix son silence.

1. On a vu à l'occasion du procès de Salonique en 1917
de quelle façon ignoble et ingrate le roi Pierre et le prince
héritier Alexandre traitèrent ces officiers, notamment le
colonel Dragoutine Dimitriévitch qui fut, sous prétexte d'une
soi-disante conspiration, fusillé !

tude analogue adoptée par Vienne en 1868 à l'égard de son père Alexandre, lors de l'assassinat du prince Michel Obrenovitch [1]. Le roi régicide assuma les allures d'un souverain d'une Grande-Serbie, affecta d'attendre le salut de Pétersbourg, et, malgré ses obligations envers Vienne, appuya la propagande austrophobe faite dans les pays slaves mêmes de la couronne autrichienne, en Bosnie notamment, reçut les propagandistes dans son propre palais de Belgrade.

A peine intronisé, il appela au pouvoir le parti radical, russophile et austrophobe, écarta de son entourage les éléments qui sympathisaient avec Vienne, notamment son cousin Nenadovitch et son premier aide-de-camp, Damnian Popovitch.

Cet ensemble de faits explique, s'il ne justifie, la décision du comte Golouchowsky de déclarer à Belgrade la guerre douanière. Mais la Serbie put soutenir cette guerre grâce à l'appui commercial de l'Allemagne et celui, politique et économique, de la Turquie qui facilita le transit, à destination de Belgrade, du bétail et du matériel de guerre d'origine

---

1. A comparer à ce sujet Edouard de Wertheimer, *Graf Julius Andressy*, vol. II, p. 45. Bien explicatif est aussi un rapport de ce temps de M. de Kallay à son gouvernement, se trouvant dans les archives de Vienne.

française. Constantinople aussi fit l'expérience de l'ingratitude serbe [1].

Ne croit-on pas, aujourd'hui encore, que ce conflit douanier, désastreux, fut provoqué par des différends d'ordre strictement économique? En Allemagne même, la responsabilité en a été rejetée maintes fois sur l'Autriche! Le différend devait par la suite s'accentuer et aboutir à *l'annexion de la Bosnie et à la guerre européenne.*

L'esprit de rivalité engagea également la Russie, non seulement à reconnaître immédiatement le nouveau régime en Serbie, mais encore à s'attribuer, surtout aux yeux de la population serbe, le mérite d'avoir aidé la nouvelle dynastie à accéder au trône. Le ministre russe Tcharikow qui, de la fenêtre de la légation, située en face du palais royal,

1. On sait que la Serbie prit en 1912 comme prétexte de guerre l'interdiction par le gouvernement de Constantinople de laisser passer par la Turquie en transit des pièces d'artillerie et des munitions venant de France. Le passage de ce matériel de guerre, qui devait trouver son emploi contre la Turquie, avait été jusque-là obligeamment autorisé. L'ambassadeur de Turquie à Berlin, Osman Nizami pacha, fit jusqu'au dernier moment auprès de son gouvernement les plus grands efforts pour obtenir que l'interdiction fût rapportée. Constantinople déclara y consentir, malgré les symptômes d'une guerre proche, mais exigea de la Serbie une déclaration de bonnes intentions à son égard. Le ministre de la Serbie à Constantinople, M. Nenadovitch, exprima au Grand-Vizir ses regrets personnels de l'ingratitude de son pays.

avait assisté aux horreurs de l'assassinat du couple royal, laissa éclater cyniquement sa satisfaction pour se faire bien voir de la nouvelle dynastie, se parer des plumes d'autrui et limiter l'influence autrichienne. Nouvel exemple caractéristique de l'immoralité monstrueuse de la diplomatie tzariste!

Le gouvernement russe réussit effectivement à persuader le peuple serbe qu'il devait à la Russie sa délivrance d'Alexandre et de Draga Machine. A l'étranger aussi, l'opinion prévalut que Pétersbourg avait été le protecteur spirituel du coup d'Etat.

L'Italie, pour des raisons de parenté de cour, reconnut de son côté le fait accompli.

Les rapports de Pierre, quand il n'était encore que prétendant à un trône, avec son beau-frère le roi d'Italie avaient été très cordiaux. Chose incroyable, celui-ci tenait celui-là en grande estime!

Par égard pour leurs alliés respectifs et en vue de l'obtention d'avantages économiques, la France et l'Allemagne ne tardèrent pas à imiter la Russie, l'Autriche et l'Italie.

Seule l'Angleterre refusa de reconnaître les Karageorgevitch et elle rompit les rapports diplomatiques avec Belgrade. Le même sir Edward Grey qui, à cette époque, prétendait avoir en mains des preuves irréfutables de la complicité, au moins, du roi Pierre à l'assassinat, comblera celui-ci de témoignages aimables pendant toute la durée de la guerre européenne, bien que cette guerre eût aussi pour origine sensible un assassinat. Il fallut toute l'influence du roi d'Italie auprès de la cour de Saint-James pour convertir le gouvernement anglais et rendre possibles à Vienne des pourparlers entre sir Edward Goschen, ambassadeur d'Angleterre, et M. Milovanovitch, alors ministre de Serbie à Rome. Ces pourparlers se terminèrent d'une façon favorable. Chose curieuse, le roi d'Italie, qui devait savoir parfaitement à quoi s'en tenir au sujet des détails de l'assassinat du roi Alexandre, continua par la suite à témoigner personnellement son affection au roi Pierre, mais ne voulut plus voir son cousin Nenadovitch, bien qu'il dût également savoir exactement que celui-ci n'avait été que l'exécuteur des ordres de son cousin, le futur roi.

J'ai jugé nécessaire d'indiquer ces détails pour démontrer la diversité des raisons déterminantes des différents gouvernements en présence du même événement, quel rôle important jouent les mobiles personnels de sympathie, d'antipathie, d'amitié, de parenté, et combien la notion générale de la morale, qui devrait être la même pour tous, varie étrangement.

Le comte Golouchowsky avait traité toute

l'affaire du changement de dynastie, mû
par des sentiments passionnels d'animosité
personnelle. Alexandre l'avait trompé en lui
faisant part, quelques semaines avant son mariage avec Draga, de son intention d'épouser
une princesse allemande. Le ministre autrichien travaillait aussi, mais accessoirement,
à éliminer l'influence russe en Serbie. L'action
viennoise s'exerça ainsi à l'insu et sans le
consentement de l'Allemagne. Ce jeu mettait
en péril la paix européenne. En effet, à l'antagonisme austro-russe dont les causes étaient
connues s'ajoutait un *antagonisme austro-
serbe* secret, qui se prolongea durant des
années, et dont ni l'Angleterre ni l'Allemagne
n'eurent la plus minime notion. En outre,
l'ingratitude de Pierre envers Vienne [1] provo-

---

1. Toutefois l'Autriche manifesta, à maintes reprises, le
désir d'améliorer ses relations avec Belgrade. Ainsi, François-Joseph avait consenti à recevoir, au cours du printemps 1911, le roi Pierre à Budapest. M. Milovanovitch,
alors ministre serbe des Affaires étrangères, avait tout préparé en vue de cette visite. Le jour même en avait été fixé.
Soudain le roi Pierre déclara ne pas vouloir entreprendre
le voyage. Il était de caractère faible, craignait les Komi-
tadchis. Cette décision consterna tout à la fois Vienne et
M. Milovanovitch.

Même dans le premier projet de memorandum du 5 juillet 1914, conçu un peu avant l'assassinat de l'archiduc héritier Ferdinand, et consacré à l'examen de sa situation
extérieure, l'Autriche ne manifeste pas des intentions
offensives contre Belgrade. On y voit plutôt le souci de
défendre une existence menacée. Vienne, bien que ses rela-

qua, chez les hommes d'Etat autrichiens, de tels sentiments de déception, de haine et de mépris que, tôt ou tard, un règlement de comptes par les armes avec les Karageorgevitch devenait inévitable [1].

tions avec la Serbie soient déjà tendues, se déclare prête à renouer, par l'intermédiaire de la Roumanie, des relations amicales avec Belgrade. Comparez Rod. Goos, *Das Wiener Kabinett*, p. 18, note 1.

1. Pour s'assurer l'appui de l'Autriche Pierre fit remettre par son cousin Nenadovitch au ministère des Affaires étrangères à Vienne une lettre autographe dans laquelle il déclarait sa profonde reconnaissance pour l'appui qu'il avait trouvé de la part de l'Autriche et promettait en cas d'avènement au trône une attitude loyale et amicale.

II

ANNEXION
DE LA BOSNIE-HERZÉGOVINE

L'ANNEXION de la Bosnie-Herzégovine a créé une nouvelle situation. L'Autriche, toutefois, la considère comme le terme final de son développement dans les Balkans. Mais la Serbie craint que l'acte accompli ne soit qu'une première matérialisation d'aspirations autrichiennes plus vastes.

A Belgrade, le parti radical, abusant de la faiblesse du nouveau roi, s'empare progressivement de la direction des affaires étrangères, bat monnaie sur l'annexion représentée comme une grave atteinte aux sentiments et droits historiques serbes. Son chef, M. Pachitch, rêve d'une politique de grande envergure, dont il attend merveilles. Il remporte contre l'Autriche des succès momentanés, mais en usant de méthodes du moyen âge qui coûteront cher à l'ancienne Serbie.

Le parti radical a pour mot d'ordre de se livrer à *une propagande à outrance en faveur d'une Grande-Serbie, basée entièrement sur l'appui russe, et dirigée, une fois la Turquie battue, exclusivement contre l'Autriche-Hongrie.* Qu'importe aux protagonistes que cette campagne soit opportune et conforme à l'esprit du temps ou non !

Il ne restait, dans ces conjonctures, au baron d'Ærenthal, successeur du comte Goluchowsky, d'autre alternative que de continuer envers la Serbie la politique de son prédécesseur. La propagande de Belgrade s'étendait de plus en plus dans les cercles slaves de la couronne autrichienne, notamment en Bosnie et en Croatie, et menaçait la paix et la sécurité de la Monarchie [1].

Cette propagande, par son imprévoyance, compromit parfois les éléments slaves de la Monarchie et les exposa à des persécutions de toutes sortes de la part des autorités austro-hongroises.

Or, après toutes les souffrances qu'ont endurées les populations serbo-croates et tchéco-

---

1. Le procès Friedjung permit de jeter un regard sur la propagande serbe. D'autre part, il montra par quels moyens douteux et de quelles personnalités suspectes la diplomatie autrichienne se servit pour la combattre. On vit aussi que, malgré le bien-fondé de maintes accusations, celles-ci ne pouvaient être prouvées juridiquement.

slovaques pendant la période de quatre années
de guerre, après la mort de tant de milliers de
victimes innocentes, cette question s'impose
à l'esprit : n'aurait-on pu obtenir une réunion
des Slaves du royaume de Serbie et de ceux
de la monarchie autrichienne avec moins de
sacrifices et d'une meilleure façon ? Ces sacrifices inouïs en matériel humain et en va-
leurs civilisatrices irremplaçables ont-ils réellement répondu au but atteint ? Quel intérêt
peuvent avoir les Croates qui, par leur histoire et leur religion, diffèrent des Serbes et,
par leurs relations centenaires avec Rome et
l'Occident, se sont développées, au point de
vue de la civilisation, à un plus haut degré que
les Serbes du royaume, qui restèrent sous la
domination turque jusqu'au XIXe siècle, à être
incorporés comme membres subordonnés à
l'Etat serbe ?

Seule une union des Yougo-Slaves dans
un tout supérieur, avec égalité des droits, des
institutions d'État foncièrement différentes de
l'ancienne Serbie, un système s'écartant de
celui du parti radical serbe, aurait eu quelque raison d'être. Le simple changement du
nom de royaume serbe en « royaume des Serbes, Croates et Slovènes » ne touche en rien
le fond des choses.

Les motifs d'antagonisme entre Vienne et
Belgrade se succédèrent rapidement en s'ag-

gravant. Au projet de construction de la ligne du Sandjak, dont le baron d'Ærenthal avait pris l'initiative, on opposa immédiatement, du côté russo-serbe, le projet de ligne Danube-Adriatique. En conséquence des relations hostiles austro-russes, la Serbie se trouva rejetée en dehors de la route que lui fixait la nature, celle de la mer Égée par la vallée du Wardar, poussée vers l'Adriatique à travers un territoire aride et infertile. Elle s'y heurte aujourd'hui, malgré le traité de Rapallo, à l'Italie, adversaire politique et économique plus dangereux que ne l'était l'Autriche. Ce traité, du reste, conclu sous la pression de certaines grandes puissances de l'Entente, ne peut être que provisoire. L'antagonisme italo-yougoslave est déjà un nouveau facteur de trouble de la paix européenne et il présage de nouvelles souffrances pour le peuple serbe.

Pour motiver le changement d'orientation géographique et économique de la Serbie, on exagéra le danger autrichien en disant mille sottises sur le fameux « Drang nach dem Osten » ; on construisit de nouvelles théories artificielles et pratiquement irréalisables sur la nécessité des corridors économiques. En réalité, seules l'influence prépondérante de la Russie et une haine aveugle contre l'Autriche expliquent ces folies.

En ce qui concerne l'annexion de la Bosnie

et de l'Herzégovine, trois faits patents doivent être retenus :

1° Suivant une convention secrète conclue à Reichstadt [1], le 8 juillet 1876, la Russie avait donné son assentiment à l'annexion de la Bosnie par l'Autriche en échange de la neutralité de Vienne pendant la guerre russo-turque.

2° Par le traité de Berlin, les puissances signataires du document consentirent à l'occupation de droit par l'Autriche de la Bosnie et de l'Herzégovine.

3° Bien que la population de ces deux provinces fût principalement serbe, quoique de confessions différentes, ces provinces ne firent jamais historiquement partie de l'État serbe.

On voit que les objections formulées en 1908 par la Russie contre l'annexion à l'Autriche de la Bosnie et de l'Herzégovine et les revendications serbes n'avaient aucun fondement dans le passé.

A la vérité, l'opposition de Pétersbourg dérivait simplement du mécontentement éprouvé de l'inexécution des clauses de l'accord de Buchlau, relatives aux Dardanelles, dont le

---

1. Sur le contenu de la convention de Reichstadt, voir Théodore de Sosnosky, *Die Balkanpolitik Oesterreich-Ungarns* (vol. 1, p. 151 et suiv.); puis Wertheimer, *Graf Julius Andrassy* (vol. 11, p. 296-330). M. Hanotaux lui-même, dans son *Histoire de la France contemporaine*, dit que la Russie, pour acheter à cette époque la neutralité de l'Autriche, lâcha la Serbie.

consentement ne pouvait être obtenu de l'Angleterre. Mais ce mécontentement et cette inexécution brouillèrent le baron d'Ærenthal et Iswolsky, alors ministre russe des Affaires étrangères[1].

On admit alors, même en Allemagne, que le baron d'Ærenthal avait cédé à une poussée d'orgueil. Au contraire Vienne affirma avoir été uniquement déterminée par le souci d'assurer l'existence de la Monarchie. Quoi qu'il en soit, l'annexion modifia dans la forme le statut de la Bosnie et de l'Herzégovine, mais ne changea pas les relations de ces deux provinces avec l'Autriche qui, au contraire, en renonçant à ses droits sur le Sandschak de Novi-Bazar facilita les tentatives d'union de la Serbie et du Monténégro.

Pétersbourg, irrité, sut faire servir l'annexion à ses propres desseins et l'utilisa contre l'Autriche elle-même[2]. Une nouvelle campagne d'excitations s'ouvrit à Belgrade. De grands efforts furent faits pour provoquer l'immixtion de l'Angleterre[3] dans les conflits

---

1. Voir aux annexes le rapport Pokrowski; les numéros extrêmement importants de la *Pravda*, 5, 6 et 7 (février et mars 1819); le Livre Blanc (juin 1919, p. 171); et surtout, le livre de Siebert, *Diplomatische Aktenstuecke*, p. 71 sq.

2. Voir annexes I-VII. Comparez aussi Siebert, dans l'ouvrage cité.

3. L'attitude de l'Angleterre en 1908-1909 vaut d'être examinée de près. Son gouvernement avait, au congrès de

balkaniques. Iswolsky fut envoyé comme ambassadeur à Paris avec mission d'assurer le concours de la France à la politique russe dans les Balkans. La diplomatie russe fut particulièrement active en Italie, dont la cour était unie par des liens de parenté à celle du tsar; les deux monarques se rencontrèrent à Racconigi[1]. Rome fut sollicitée d'adhérer au projet de ligne ferrée Danube-Adriatique. La

Berlin, assuré l'Autriche de son plein appui (Convention du 6 juin 1878) : « Le gouvernement de Sa Majesté Britannique s'engage à soutenir toute proposition concernant la Bosnie que le gouvernement austro-hongrois jugera à propos de faire au congrès. » Or, Londres surpassa en 1909 la Russie en démonstrations d'hostilité contre l'Autriche. Son cabinet reprocha même à Pétersbourg sa trop grande indulgence et il accorda délibérément son appui diplomatique à la Serbie, allant jusqu'à renoncer aux clauses d'une convention conclue avec Belgrade suivant laquelle les officiers qui avaient pris une part directe ou indirecte à l'assassinat du roi Alexandre devaient être mis à la retraite. La diplomatie anglaise ne recula devant aucun sacrifice pécuniaire pour se faire livrer les plans dressés par l'État-major autrichien pour le cas d'une guerre avec la Serbie et les communiqua à Belgrade.

Les sphères politiques d'Autriche crurent pouvoir expliquer cette conduite singulière par le fait que tous les efforts du roi Édouard pour séparer la Monarchie de l'Allemagne étaient restés sans succès. L'ambassadeur anglais à Vienne, Mr. Cartwright, fut rappelé. Les gouvernements allemand et anglais polémiquèrent en 1916 au sujet de l'attitude du représentant britannique à Saint-Pétersbourg, sir Arthur Nicolson durant la crise de la Bosnie (Voir aussi annexe V).

1. Accord russo-italien de 1909.

Russie conclut une convention avec le Japon par laquelle elle renonçait à ses aspirations traditionnelles en Extrême-Orient. Des manœuvres furent pratiquées pour détacher la Roumanie de la Triplice. Une convention militaire secrète fut conclue en décembre 1909 [1] entre la Russie et la Bulgarie. Pétersbourg se fit le champion d'une alliance balkanique contre l'Autriche à laquelle Tcharikow s'employa à gagner la Turquie, cependant que le Monténégro [2] était travaillé dans le même sens.

La convention militaire franco-russe de 1892 [3] s'accrut d'annexes. Le 21 février 1914, un conseil russe mixte de ministres et de chefs de l'État-major de la marine, présidé par M. Sasonow, *convenait qu'une action contre les Dardanelles ne pouvait être*, selon les propres termes du ministre des Affaires étrangères, *réalisée en dehors d'une guerre européenne* [4].

Enfin, une convention navale anglo-russe [5],

1. Voir annexe VIII.

2. Voir annexe XXII.

3. Très instructif est à ce sujet le Livre jaune de l'alliance franco-russe.

4. Le texte de ce protocole a été publié d'abord dans le journal de Maxime Gorki, *Nowaja Gisnj*, du 19 février 1918. Voir aussi le Livre blanc allemand, 1919, p. 156 et suivantes.

5. Voir *Diplomatische Rüstungen. Dokumente zu den englisch russischen Verhandlungen über ein Marine-Abkommen aus dem Jahre, 1914.* Berlin, 1919.

couronnant toute cette œuvre politique et diplomatique accompagnée de préparatifs militaires incessants, en vue d'une guerre contre l'Autriche et l'Allemagne [1], était négociée en mai 1914. Toute cette activité s'était développée dans le plus grand secret.

Déjà, en 1908-1909, les hommes d'Etat russes avaient déclaré aux agents serbes séjournant en Russie que *celle-ci, insuffisamment prête militairement, devait cette fois lâcher la Serbie, mais que, dans deux ou trois ans, elle serait en mesure militairement d'engager contre l'Autriche une guerre offensive avec des chances de succès. La Serbie devait prendre patience jusque-là, et continuer à accélérer ses préparatifs* [2].

Les archives russes nous ont livré, après

1. Comparez Siebert (ouvrage cité). Voir Hœniger (documents militaires russes capturés en Russie), *Russlands Vorbereitung zum Weltkrieges*, 1919 ; le comte de Montgelas, *Zur Vorgeschichte des Weltkrieges*, Heft 2 : *Militärische Rüstungen und Mobilmachungen*, 1921).

2. Déclarations du tsar, d'Iswolsky, de Sasonow aux princes serbes Georges et Alexandre en visite à Pétersbourg, et à MM. Pachitch, Milovanovitch, Spalaïkovitch. Déjà, antérieurement, la Russie avait promis à la Serbie son appui. Le feu régent, Jean Ristich, raconte dans son livre, *Histoire diplomatique de la Serbie*, vol. II, p. 250 et suivantes (édition serbe), que des personnalités politiques russes de marque, tel Schouvalov, lui avaient affirmé au congrès de Berlin que l'occupation de la Bosnie par l'Autriche durerait tout au plus quinze ans, car, d'ici là on réglerait les comptes avec l'Autriche (V. annexes VI et VII).

la révolution, maints autres témoignages de la politique belliqueuse de la Russie de 1909 à 1914 [1].

Déjà, l'article 5 de la convention militaire russo-bulgare de décembre 1909 disait : « Etant donné que la réalisation de l'idéal des peuples slaves de la péninsule balkanique, qui sont si proches du cœur de la Russie, est subordonnée à l'issue favorable d'une guerre avec l'Allemagne et l'Autriche-Hongrie, etc. »

En vue de cette guerre, Belgrade multiplia les voyages de ses diplomates à Pétersbourg, et Pétersbourg, de son côté, multiplia les cadeaux et les décorations ; le réseau d'espionnage russe s'élargit en Allemagne, Autriche, Suisse, Suède [2]. Des mobilisations d'essai se succédèrent en 1912, sans démobilisation ultérieure [3]. Les révélations du procès Suchomlinow sont sur tous ces points édifiantes [4]. Et

1. Voir annexe XXV.

2. Affaire d'espionnage du colonel Redl en Autriche ; action à Genève, arrestation d'un banquier de Königsberg ; attitude de l'attaché militaire russe à Berlin.

3. Beaucoup de prisonniers russes en Allemagne, et parmi eux des médecins, ont, en septembre 1914, déclaré avoir été mobilisés dans le Turkestan et mis en route dès le mois de mars de cette année pour la frontière austro-allemande.

4. Voir à ce sujet la *Deutsche Rundschau* (avril 1918), p. 17-39, et, surtout Hœniger *loc. cit.* et *Deutsches Weissbuch zur Vorgeschichte des Krieges*, Heft 2, 1921, p. 127 et suivantes. Siebert, *loc. cit.*, et surtout le Livre Noir.

si, au lieu de perpétuelles assertions d'amour de la paix, les gouvernements des ex-belligérants consentaient à publier ceux de leurs documents qui se rapportent à la période 1908-1914, *que de choses viendraient encore au jour!* Mais ne fondons rien sur cette éventualité aussi longtemps que le pouvoir dans ces Etats restera entre les mains des personnes qui ont déclanché la guerre.

Pétersbourg fut, en raison de l'insuffisance de sa préparation militaire, très satisfait d'avoir évité, grâce à une platonique adhésion donnée par le gouvernement serbe, le 18-31 mars 1909, à l'annexion de la Bosnie, un conflit armé entre l'Autriche-Hongrie et la Serbie[1].

Mais, bien que la démarche allemande de 1909 à Saint-Pétersbourg se fût effectuée sans brusquerie et eût revêtu plutôt une forme amicale, ce dont le Gouvernement russe convint plus d'une fois dans la suite à Berlin[2], ce même gouvernement déclara aux autres puissances considérer l'initiative de l'Allemagne comme un outrage qui méritait d'être châtié.

Mais, pour donner le change, dès l'apaisement de la crise, en juin 1909, une entrevue

---

1. Voir chapitre I.
2. Von Jagow, *l. c.*, p. 18.

fut ménagée entre le tsar et le kaiser, et une autre entrevue eut lieu à Potsdam en novembre 1910. M. Sasonow y assistait. Tsar et ministre s'efforcèrent d'exciter le kaiser contre Vienne en alléguant l'esprit pacifiste russe. On sait quel degré de duplicité put atteindre la politique russe.

Entre temps, à Vienne, l'empereur François-Joseph se montrait fort soucieux du maintien de la paix ; Berlin donnait à Vienne des conseils de modération, s'y livrait même dans ce sens à des démarches pressantes[1]. Le comte d'Ærenthal ne manifestait pas une énergie excessive. Bref l'Autriche-Hongrie s'abstenait d'en appeler aux armes contre les aspirations mégalo-serbes.

Si on ne s'était leurré à Vienne et à Berlin sur la possibilité de maintenir la paix dans l'avenir, on eût peut-être considéré, du point de vue politique et militaire, qu'une collision, dès cette époque, comportait moins de risques qu'elle n'en réserverait plus tard. Au surplus, si, au cours des années qui suivirent immédiatement l'annexion de la Bosnie-Herzé-

---

1. Pour dissiper les nuages provoqués à Berlin par la crise bosniaque, Vienne déclara catégoriquement au gouvernement allemand être rassasiée à jamais de territoires balkaniques. Chargé d'affaire en Allemagne, je rapportai aussitôt à mon gouvernement ces déclarations du gouvernement austro-hongrois.

govine, un conflit austro-serbe avait éclaté, la Russie, pas encore préparée, ne fût pas intervenue, et en conséquence toute guerre européenne eût été évitée.

Une déclaration de Milovanovitch, alors ministre des Affaires étrangères, illustre l'étroitesse de vue des hommes d'Etat serbes d'alors. Le ministre s'était rendu à Berlin pour y entretenir le gouvernement de la crise de l'annexion. Le langage qu'il me tint montre qu'il était lui aussi sans illusions sur l'imprévoyance des politiciens qui occupaient à Belgrade des postes impliquant de lourdes responsabilités.

Figurez-vous, me dit-il, *que M. Pachitch, au Conseil de la Couronne, qui devait décider de la paix ou de la guerre avec l'Autriche, s'est déclaré pour la guerre, bien que nous ne fussions pas du tout prêts militairement... Il suffirait dans ce cas à l'Autriche d'occuper les territoires fertiles situés sur le Danube (Matchwa) pour nous couper le nerf vital. « Faites bien attention à ce que je vous dis, cet homme sera fatal à la Serbie ! »*

En effet, pendant trois années consécutives, la Serbie a été occupée par l'ennemi. L'élite de la population est tombée sur les champs de bataille ; des milliers d'hommes ont été enlevés par la maladie et la famine. La Serbie actuelle gardera-t-elle assez de vitalité pour être le Piémont du nouveau Royaume?

M. Pachitch aura été son mauvais génie... La guerre de 1914 serait inintelligible si elle n'était étudiée à la lumière des événements de 1908-1909.

III

LA PREMIÈRE GUERRE BALKANIQUE
(1912)

———

L'ANNEXION de la Bosnie par l'Autriche donna à la Russie beau jeu en Serbie. Le gouvernement russe invita impérativement M. Hartwig, ministre de Russie nouvellement nommé à Belgrade, à travailler à une entente entre la Bulgarie et la Serbie et à faire aboutir celle-ci à tout prix. De Saint-Pétersbourg on propagea cette thèse que l'annexion de la Bosnie, comme s'il se fût agi d'une nouvelle et grande occupation militaire, avait démontré jusqu'à l'évidence les tendances agressives de l'Autriche-Hongrie à l'égard des petits États balkaniques. On suggéra que ces États ne pourraient se protéger contre le péril qu'en se soutenant mutuellement, c'est-à-dire en contractant une « alliance défensive » dirigée contre l'Autriche. Tel fut le point de départ de la politique russe qui visait à unir les

Etats balkaniques et avant tout la Serbie et la Bulgarie. *L'alliance, étant réalisée, devait être utilisée dans un but agressif contre l'Autriche.* M. Tcharikow travailla dans le même sens à Constantinople, en représentant que l'annexion de la Bosnie lésait gravement les intérêts turcs. La belle phrase « les Balkans aux États balkaniques » fut prêchée sous toutes les formes et variantes possibles, et n'est-ce pas un trait significatif de la mentalité des politiciens serbes et russes — car nous n'avons jamais cru en cette matière à la franchise des hommes d'État bulgares — que l'on se laissât bercer par de telles utopies et que l'on tînt pour possible une harmonisation, sous forme d'alliance, d'intérêts aussi divergents que ceux des États balkaniques ? On envisagea même une confédération de ces États. L'intrigue fut conduite avec un cynisme et une absence de scrupules qui rappellent les méthodes du moyen-âge. Dans le même temps où l'on invitait la Turquie à entrer dans l'alliance, les négociateurs distribuaient, sur le papier, à la Serbie, à la Bulgarie et à la Grèce les provinces turques de l'Europe. Quand la situation de la Turquie empira, on tomba aussitôt d'accord qu'il fallait avant tout passer par dessus le corps de l'empire ottoman pour pouvoir ensuite s'attaquer efficacement à l'Autriche.

Les négociations entre la Bulgarie et la Serbie furent très difficiles. *La promesse donnée à Belgrade par la Russie de lui livrer la Bosnie et l'Herzégovine joua un grand rôle* [1].

Les aspirations politiques bulgares en Macédoine furent aussi un facteur considérable. Mais, cette fois, la question des nationalités fut traitée avec moins de ménagements que dans les négociations antérieures; on attribua à la Serbie des territoires considérés autrefois comme purement bulgares et *vice versa*.

Si j'attire tout particulièrement l'attention sur ce sujet, c'est pour démontrer jusqu'à quel point les raisons d'ordre ethnographique furent exploitées autrefois et en 1919 encore, à Paris. On savait cependant de part et d'autre, que la Macédoine était, abstraction faite d'une minorité grecque, peuplée d'éléments serbo-bulgares qui se fussent rapidement agglutinés à celui des États qui les aurait administrés avec sagesse [2]. Or, on se plut à torturer la statistique pour démontrer l'origine bulgare ou serbe des Macédoniens. Comme on s'est moqué des grandes puissan-

---

1. Voir annexes XIV et XVI, 2.

2. Le classement politique servait souvent à déterminer la nationalité. Ainsi le père de deux enfants pouvait se donner comme Grec et les deux fils se dire l'un Serbe, l'autre Bulgare. La statistique turque enregistrait froidement ces déclarations.

ces avec ces soi-disantes preuves, et quelle
cause de frictions européennes incessantes
furent les luttes de comitadschis, les commissions de finances et d'inspection créées en
Macédoine ! On s'est efforcé ridiculement,
durant des années, en Allemagne et en Autriche notamment, de maintenir la fiction du
statu quo balkanique ; Berlin et Vienne croyant
ainsi, *optima fide*, contribuer au maintien de
la paix européenne !

L'entente se fit brusquement sur d'autres
bases.

On était, en Serbie, peu satisfait, pour différentes raisons, des résultats des négociations, mais la perspective d'une aide militaire
bulgare, chiffrée à 200.000 hommes, et celle
de l'acquisition de la Bosnie et de l'Herzégovine firent fermer les yeux sur les avantages
obtenus par la Bulgarie en Macédoine et considérés comme excessifs par le sentiment national serbe. .

En réalité, on le constate quand on a sous
les yeux tous les éléments du problème, *le
traité ne fut conclu en faveur ni de la Serbie,
ni de la Bulgarie, mais fut calculé pour servir les desseins russes et être utilisé contre
l'Autriche* [1].

---

1. Voir Poincaré, *Les origines de la guerre*, p. 126, qui
tenait le traité pour un instrument de guerre.

J'eus connaissance, dès fin mars 1912, de la conclusion du traité. Le prince héritier de Serbie Alexandre et M. Milovanovitch, qui était alors ministre des Affaires étrangères, m'en avaient communiqué le contenu [1]. Celui-ci était de nature à remplir d'inquiétude toute personne avertie. Je ne cachai pas mes appréhensions au prince héritier et à M. Milovanovitch. Les négociations qui avaient précédé la conclusion du traité, le consentement de la Serbie à de lourdes concessions dans des territoires considérés par le sentiment natio-

1. Il n'est pas sans intérêt de rappeler comment j'eus connaissance de ce traité. Ce fut d'abord le prince héritier Alexandre qui, lors d'un court séjour que je fis à Belgrade, me confia l'affaire en insistant sur le fait que toutes les parties, et surtout la Russie, attachaient la plus haute importance au maintien du secret absolu. Le prince héritier exprima comme moi son étonnement des concessions territoriales faites à la Bulgarie et me dit son incertitude sur l'avenir. Lorsque je dis à M. Milovanovitch que j'avais été mis au courant de la conclusion du traité par le prince héritier, il s'écria étonné et mécontent : « Comment le prince héritier a-t-il bien pu vous en parler ! » Devant le fait accompli, cependant, il me parla lui aussi et d'une façon explicite, insistant sur ce point que le but principal du traité était, du côté serbe, « la sauvegarde » contre l'Autriche. Je ne crois pas me tromper en émettant l'opinion que ce ne fut pas par manque de confiance à mon égard qu'il avait évité de m'informer du contenu du traité, mais parce qu'il craignait que j'en pressentisse la tendance offensive contre l'Autriche et que je me fisse prématurément des conceptions précises sur les autres plans de la Russie et de la Serbie. Les textes du traité y relatifs sont reproduits aux annexes X, XI et XII.

nal comme devant déterminer l'avenir du pays,
l'attribution, à titre de compensations, de territoires qui n'appartenaient ni à la Bulgarie
ni à la Russie, et que la Serbie devait ravir
par les armes à l'Autriche, enfin l'intérêt extraordinaire que portait la Russie à l'aboutis-
sement de ce traité me firent craindre que
Belgrade ne fût sur le point de se précipiter
dans une aventure grave. J'eus le sentiment
que l'on marchait à grands pas vers une guerre
européenne [1].

Au cours de notre entretien, le prince
Alexandre m'apprit, détail historique à rete-
nir, que le tsar, à l'occasion de la conclusion
du traité, l'avait félicité *et lui avait exprimé
sa joie de ce que les aspirations de la Serbie
en Autriche ne tarderaient pas à se réaliser*.
Ce n'étaient pas là de vaines phrases, comme
le prouvent les négociations qui précédèrent
le traité et la conduite postérieure de la
Russie.

Je n'ai plus revu M. Milovanovitch. Il mourut peu après mon séjour à Belgrade subitement et dans des circonstances *qui demandent
encore à être éclaircies*. Depuis et jusqu'à ce

---

1. Le professeur Cvijic, qui eut à exprimer son avis en
qualité d'expert sur les limites géographiques arrêtées et
avec lequel je me suis entretenu des clauses politiques du
traité, m'a dit qu'il ne pouvait comprendre comment M. Milovanovitch avait pu conclure celui-ci.

jour, M. Pachitch a assumé la direction et la responsabilité de la politique extérieure serbe.

En qualité de chargé d'affaires à Berlin, je me trouvais, après les confidences qui m'avaient été faites, dans une situation des plus délicates. Ainsi que bien d'autres, je considérais l'arrangement conclu avec la Bulgarie comme extrêmement dangereux pour la Serbie et comme une grave menace pour la paix européenne. Les intérêts serbes, tels qu'on les comprenait alors à Belgrade, m'interdisaient toute indiscrétion, d'autant plus qu'il y avait fait accompli [1]. Je ne pouvais plus qu'attendre

1. M. Poincaré cite dans son ouvrage, page 120, M. Guéchoff, qui, dans son livre sur *l'Alliance balkanique*, paru en 1915, prétend que M. Sasonow ignorait tout, encore, au commencement de mai, de la convention serbo-bulgare. Comment est-il possible d'admettre cela, alors que l'empereur de Russie adressait, au mois de février, ou de mars au plus tard, au prince héritier serbe, les paroles que nous avons citées ? Est-il possible de croire que M. Hartwig, qui était intimement lié avec M. Milovanovitch, et qui exerçait une influence prépondérante sur le gouvernement serbe, n'ait pas été tenu au courant des négociations serbo-bulgares et n'en ait pas connu les résultats ? Pour quelles raisons, le 11 mai, M. Iswolsky intervint-il auprès du gouvernement français aux fins de lui faire autoriser un emprunt bulgare de 180 millions ? Et que dire à l'affirmation que la Bulgarie était désormais attachée au sort de la Triple-Entente ? Il est intéressant de suivre les explications apologétiques de M. Poincaré sur toute cette affaire ainsi que les échappatoires de M. Sasonow (p. 125 sq.). En ce qui concerne l'influence de M. Hartwig à Belgrade, voir aussi la lettre personnelle de M. Sasonow à M. Hartwig (annexe XVIII).

et tenter de préparer, par des avertissements
discrets et d'une manière détournée, aux événements qui allaient se dérouler dans les
Balkans, celles des personnalités dirigeantes
de Berlin que je supposais sincèrement dé-
vouées au maintien de la paix. Parmi celles-
ci, je comptais le secrétaire d'Etat M. de Kiderlen et *l'ambassadeur de France M. Jules
Cambon.*

J'avais, d'une part, l'avantage d'agir selon
ma propre initiative et sans être lié par des
instructions. D'autre part, ma situation avait
ceci de désavantageux qu'elle me permettait
seulement d'exprimer des craintes en apparence personnelles, sans que je pusse faire
allusion aux personnalités dont j'avais reçu
les confidences et de qui dépendait le maintien de la paix. En outre, la mort de M. Milovanovitch m'avait ravi toute possibilité de
faire valoir à Belgrade, par un libre et franc
échange d'idées, les impressions que je tirais
de mes entretiens à Berlin.

*Il était évident pour moi que la guerre euro-
péenne, dont le déclanchement n'était qu'une
question de mois, ne pouvait être évitée, s'il
n'était pas déjà trop tard, que par un rapprochement de celles des grandes puissances des
deux groupes alliés (Triplice et Entente) qui
étaient le moins intéressées dans les Balkans,
c'est-à-dire la France et l'Angleterre d'un côté,*

l'Allemagne de l'autre, — l'Italie s'y étant créé des intérêts spéciaux.

Grâce à la bienveillance et à la confiance que n'avait cessé de me témoigner le secrétaire d'Etat allemand, M. de Kiderlen, j'eus la chance de pouvoir m'expliquer souvent avec lui sur des questions politiques n'entrant pas dans le cadre des discussions que nous pouvions avoir en tant que directeur, lui, de la politique extérieure allemande, et représentant, moi, de la Serbie.

M. de Kiderlen me parla avec une grande franchise. Je fus d'autant plus enclin à l'imiter que j'espérais de cette confiance mutuelle de meilleurs résultats que ceux qui dérivent des méthodes politiques ordinaires.

Un heureux hasard m'avait aussi fait entrer en relations assidues avec les ambassadeurs de France et d'Angleterre à Berlin. Ces relations facilitèrent nos conversations relatives au développement des événements politiques dans les Balkans et à leurs effets sur les rapports des grandes puissances.

Lorsque, en juin 1912, c'est-à-dire quelques mois après la conclusion du traité secret qui, dans son esprit, était en premier lieu dirigé contre l'Autriche-Hongrie, le roi Ferdinand crut nécessaire de faire une visite officielle, d'abord à Potsdam, puis à l'empereur d'Autriche, j'attirai l'attention de M. de Kiderlen

sur le caractère intempestif de cette visite et
je lui recommandai de rester sur ses gardes [1].
Je ne pouvais concevoir qu'un chef d'Etat,
ayant en poche un traité secret dirigé contre
un autre souverain, se disposât à faire une
visite à celui-ci et à le combler de prévenan-
ces. Or le roi Ferdinand n'en était pas à son
coup d'essai. Lors de l'avènement du roi
Pierre, il avait conclu à Nisch un arrangement politique secret avec la Serbie et, peu
après, en avait communiqué le contenu au
gouvernement autrichien. L'histoire mention-
nera, du reste, ineffaçablement, que la Bulgarie, pendant le règne du roi Ferdinand, a
trahi successivement tous ses alliés [2].

Entre temps, l'activité qui règne d'ordinaire,
chez les conjurés, à la veille d'une guerre,
croissait en Serbie et en Bulgarie. Pendant
tout l'été, il y eut des rencontres secrètes et
des conciliabules entre les États-majors serbe

1. M. de Kiderlen qui, on le sait, ne mâchait pas ses paroles dès qu'il s'agissait d'exprimer ses impressions personnelles, me répondit que je devais être sans crainte, qu'il
connaissait bien ce « vieux renard » et qu'il serait très prudent avec lui.

2. M. Poincaré, page 121, dit aussi que M. Guéchoff et
d'autres Bulgares, à même d'être renseignés, ont affirmé
que, dès le début, le roi Ferdinand, qui était au mieux avec
la cour d'Autriche, l'avait mise au courant de l'alliance
balkanique de 1912 et j'ai entendu dire dernièrement à
Vienne qu'un haut fonctionnaire bulgare avait aussi fourni
à l'Autriche les clauses du traité.

et bulgare. Les détails d'une guerre contre la Turquie furent minutieusement discutés. L'aide militaire qu'on se fournirait mutuellement fut numériquement établie. On envisagea aussi le cas d'une guerre avec l'Autriche et la Roumanie et, comme résultat de toutes ces prévisions, on conclut une convention militaire secrète [1]. Des commissions d'achat de fournitures militaires furent envoyées à l'étranger. Enfin, après la rentrée des récoltes, survinrent la défense d'exportation du blé, l'ordre de mobilisation et la guerre. J'énumère ces faits comme preuve de ce qui me fut confirmé plus tard par des militaires compétents serbes, à savoir que *la guerre contre la Turquie était déjà une affaire décidée depuis des mois par les sphères dirigeantes de la Serbie et de la Bulgarie, probablement dès la conclusion même du traité secret du 29 février 1912.* C'est au surplus ce qu'indiquent le contenu du traité et celui de la convention militaire. Il s'y trouve trop de précision pour qu'on admette que ces documents aient pu viser une guerre imprévue dans un avenir non prévu. On ne saurait supposer cette sorte de prévoyance chez les Etats balkaniques ; leur méfiance réciproque les a plutôt portés à accumuler les précisions en vue de leur

1. Voir annexe XII.

interdire toute dérobade au moment fixé.

J'avais attiré[1], d'une façon générale, en juillet 1912, en l'absence du secrétaire d'Etat, l'attention du sous-secrétaire, M. Zimmermann, sur l'activité militaire croissante de la Bulgarie, de même que sur son attitude de plus en plus menaçante à l'égard de la Turquie, et je ne lui avais point caché mes préoccupations. L'écho de cette conversation parvint à Sofia. Je fus invité, par un ministre dirigeant par intérim les Affaires étrangères serbes, à m'expliquer sur ce que j'avais pu dire au sous-secrétaire d'Etat allemand touchant la Bulgarie. Le gouvernement bulgare, me dit ce ministre, s'était plaint de mes déclarations. J'avais, à un moment où la Turquie se trouvait en conflit grave avec l'Italie, de telle sorte *qu'on ne trouverait jamais une meilleure occasion de l'attaquer*, eu l'audace d'avertir le gouvernement allemand de l'attitude comminatoire de la Bulgarie, alliée de la Serbie[2]. Je répondis à Belgrade que, dans l'intérêt de la paix générale, paix à laquelle, à mon avis, se trouvait également intéressé le gouvernement serbe,

1. Voir Siebert, *loc. cit.*, pages 528, 529.

2. Aujourd'hui seulement apparaît sous son vrai jour le rapport existant entre la politique italienne et celle des États balkaniques contre la Turquie. La conclusion, simultanément, de la paix entre la Turquie et l'Italie (paix d'Ouchy du 15 octobre 1912), et la déclaration de guerre des États balkaniques le démontrent.

j'avais jugé absolument nécessaire d'informer de mon opinion personnelle le gouvernement allemand, qui *montrait son vif intérêt pour le maintien de la paix*, car il était à supposer que ce gouvernement ferait tout pour prévenir un conflit balkanique, dont les conséquences seraient incalculables, et que j'attendais un effet calmant d'une démarche de l'Allemagne à Sofia dans ce sens. Comme on ne pouvait décemment me répliquer de Belgrade qu'on se moquait de la paix européenne et de mes soucis, pourvu que les prétentions serbes fussent satisfaites à n'importe quel prix, on parut se contenter de ma réponse. Mais j'eus rapidement de nouveau l'occasion de susciter le mécontentement des politiciens de mon pays.

Les raisons pour lesquelles la Grèce se joignit à l'alliance, à laquelle accéda le Monténégro, ne rentrent pas dans le cadre de cette étude.

Chacun des alliés cherchait un prétexte de querelle [1]. La Bulgarie marchait en tête redoublant les provocations adressées à la Turquie, sur laquelle tous s'efforçaient de rejeter la responsabilité de la guerre [2].

1. En ce qui concerne la Serbie, voir p. 31, note 1.

2. Proclamation du 19 octobre 1912 du roi Ferdinand de Bulgarie à son peuple, dans laquelle cet hypocrite incomparable va jusqu'à parler d'une croisade contre le Croissant

Les gouvernements des grandes puissances, à l'exception de la Russie, et peut-être, dans une certaine mesure, de l'Autriche [1], renseignée par une autre voie, n'avaient pas une notion parfaitement claire des plans balkaniques prémédités.

Lorsque, au début du conflit, M. de Kiderlen émit l'opinion que, si la Turquie succombait, les États balkaniques s'entredéchireraient dès qu'il s'agirait de partager le butin, je crus utile de lui faire envisager la probabilité — je n'osais lui dévoiler ma certitude — que les États s'étaient déjà mis d'accord au sujet de ce partage. De nouveau, l'opinion que j'avais exprimée, comme personnelle, arriva à la connaissance d'autrui. Cette fois, ce fut le ministre français d'alors des Affaires étrangères, M. Poincaré, qui la rapporta au ministre de Serbie à Paris, M. Vesnitch. Celui-ci se plai-

1. On prétend que l'Autriche obtint de source serbe et grâce à un gros pot-de-vin, communication du traité. Le nouveau gouvernement autrichien serait bien inspiré s'il publiait les pièces relatives à cette affaire et les noms des personnes qui y furent mêlées. Lorsque la crise bosniaque parut, après la déclaration serbe de désintéressement de 1909, heureusement terminée, le comte Forgach remercia M. Milovanovitch, alors ministre des Affaires étrangères, des efforts qu'il avait faits pour empêcher la Serbie de se lancer dans une affaire périlleuse. Il profita de cette occasion pour confier à M. Milovanovitch qu'il serait bien étonné s'il savait combien de gens de la meilleure société serbe se trouvaient au service de l'Autriche.

gnit immédiatement auprès du gouvernement serbe de ce que j'avais osé dire de telles choses au secrétaire d'État allemand. De nouveau encore, mon gouvernement exigea de moi des explications. Je répondis que j'avais estimé avantageux que ce fût justement par nous que le gouvernement allemand eût un aperçu des conséquences probables d'une campagne victorieuse, et qu'ainsi il se convainquît que, une fois les opérations militaires heureusement terminées contre la Turquie, la paix européenne ne serait pas mise en péril par un défaut d'accord entre les États balkaniques. Cet argument fut également admis par Belgrade, probablement pour ce motif que j'avais agi avec bonne foi, et que ma démarche était de nature à donner le change sur les desseins de la Russie et de ses satellites.

L'attitude de mon gouvernement envers moi me donne l'occasion de lui reprocher publiquement d'avoir systématiquement, et cela pendant des années, abusé de ma connaissance de l'état d'esprit en Allemagne et de mes rapports personnels à Berlin. Ce fut là l'unique motif pour lequel je fus laissé si longtemps à ce poste.

M. de Kiderlen, qui était un homme de la « Realpolitik », comprit sur-le-champ que, dans cette querelle contre la Turquie, querelle voulue par les États balkaniques, celle-là devait

avoir le dessous. Telle était sa conviction qu'il
me confia immédiatement avant la déclaration
de guerre et il m'exprima d'une façon vraiment cordiale, à l'occasion des premiers succès serbes, ses sincères félicitations. Dans tous
les cas, M. de Kiderlen fit son possible — eut-il
raison? c'est une autre question quand on considère les choses du point de vue de leurs conséquences — pour détourner l'Autriche-Hongrie de prendre des décisions susceptibles de
mettre en péril la paix européenne. C'est ainsi
que, il me l'a dit lui-même, lors de la visite
du comte Berchtold à Berlin, peu de semaines
avant que la guerre éclatât, comme celui-ci,
alléguant la situation critique dans les Balkans et les intrigues russes, examinait l'éventualité d'une réoccupation du sandschak de
Novi-Bazar, M. de Kiderlen déconseilla vivement l'exécution de ce dessein, qui pouvait
conduire, comme la crise bosniaque à de nouvelles complications entre les grandes puissances.

Lorsque surgit la question albanaise, M. de
Kiderlen, sans même consulter Vienne, ce
qui fut pris en très mauvaise part du côté
autrichien, mais *toujours mû uniquement par
le souci de la paix générale*, fit déclarer de
son propre chef par l'organe officiel, la *Nord-
deutsche-Allgemeine-Zeitung*, au commencement de décembre 1912, que cette affaire étant

d'ordre européen, ne pouvait être résolue que par l'ensemble des puissances, et non unilatéralement, par une seule.

Je ne pouvais comprendre qu'à Berlin et à Vienne on n'eût pas, dès cette époque, pénétré les intentions secrètes de la Russie.

J'avais alors grand peur que l'Autriche, prenant comme prétexte notre action militaire dans le Sandschak et dans l'Albanie, ne nous déclarât immédiatement la guerre. Si elle ne l'a pas fait, on le doit en premier lieu à l'Allemagne qui ne voulait pas approuver une pareille action.

D'autre part, la connaissance exacte que j'avais des visées de la Russie et des arrière-pensées de Belgrade m'inspirait la crainte justifiée qu'on n'attribuât pas une créance suffisante à mes rapports représentant la politique allemande comme tendant *à soutenir sincèrement les aspirations des États balkaniques.* Ne voulant pas prendre seul toutes les responsabilités, je demandai qu'on voulût bien se convaincre personnellement sur place de la véracité de mes affirmations. Je priai qu'on consentît à envoyer à Berlin le ministre Nenadovitch, qui avait été rappelé de Turquie lors de la déclaration de guerre. Celui-ci, par ses liens de parenté avec la cour serbe, laquelle était, on le sait, en relations intimes avec la Cour russe, ainsi que par son expérience des

choses de Turquie, semblait tout particulièrement qualifié. M. Nenadovitch fut accueilli
à titre privé et de la façon la plus aimable
par M. de Kiderlen, qui lui exposa en toute
franchise ses vues au sujet de la politique de
l'Allemagne [1]. M. Nenadowitch envoya à Belgrade (en novembre 1912) un rapport qui con-
cordait entièrement avec mes observations.

Je puis déclarer en toute conscience que,
déjà en octobre 1912, alors qu'on ignorait
encore où tout cela aboutirait, l'Allemagne
avait comme but principal, dans ses décisions
au sujet du conflit des Balkans, *uniquement
le maintien de la paix européenne.*

Quelle attitude prenait par contre la Russie ?

Le Monténégro déclara, premier des Etats
balkaniques, la guerre à la Turquie, le 8 octobre 1912, et cela à la suite de spéculations
du roi Nicolas à la bourse de Vienne. Le
ministre des Affaires étrangères de Russie,
M. Sasonow, venant de Paris et se rendant
à Saint-Pétersbourg, se trouvait alors de passage à Berlin. Quoique l'alliance balkanique
fût une œuvre russe, un instrument forgé
contre l'Autriche et la Turquie, M. Sasonow
n'en rivalisa pas moins de zèle à ce moment
avec les hommes d'Etat dirigeants des autres
grandes puissances pour désavouer la façon

---

1. Fait intéressant : M. Cambon préféra ne pas le recevoir.

d'agir des Etats balkaniques, parce que, ne cessait-il de dire, en agissant ainsi, ceux-ci troublaient et mettaient en péril la paix de l'Europe. Son but était uniquement de détourner tout soupçon de complicité de la politique russe [1], surtout de l'Autriche et de lui enlever tout prétexte d'intervention.

1. Il est intéressant de citer ici, pour illustrer la duplicité du ministre russe, quelques-unes des déclarations de M. Sasonow à la presse allemande, lorsqu'éclata la première guerre balkanique au moment où il se trouvait à Berlin.

Interview de la *National-Zeitung* du 8 octobre 1912 : « Nous avons fait tout ce qu'il nous était possible de faire en de telles circonstances. Certainement, la situation reste critique, mais il y a quand même possibilité de s'arranger pour les deux côtés. J'ai déclaré aux représentants des Etats balkaniques, avec lesquels j'ai eu l'occasion de causer, que toute cette affaire n'est pour eux qu'une question de calcul, puisque les grandes puissances sont unanimes à ne tolérer aucune modification territoriale. Ils peuvent établir les comptes eux-mêmes. D'un côté, les frais de la mobilisation, de l'autre les frais et les risques de la guerre. Dans les deux cas, le résultat sera le même. Des réformes seront faites en Macédoine auxquelles la Porte a dores et déjà donné son adhésion. Les Etats balkaniques savent que, même en cas de victoire, ils n'ont à espérer aucun changement territorial (la Turquie naturellement non plus). Si les Etats balkaniques osent, dans ces conditions, faire la guerre quand même, c'est leur propre affaire et ils en assumeront toute la responsabilité. Si les choses ne s'arrangent pas, les grandes puissances assisteront tranquillement au déroulement des événements, puisque la localisation de la guerre est une affaire décidée. En aucun cas, la liquidation finale entre les belligérants ne pourra se faire sans la volonté et sans la coopération des puissances qui sont en

Abstraction faite de son regret que la guerre eût été déclenchée trop tôt à son gré, et à un moment qui ne lui paraissait pas propice, l'insincérité du ministre était totale. Mais ses hypocrites déclarations réussirent à le faire

mesure de faire valoir leurs décisions. C'est avec un plaisir extrême que j'ai l'occasion de revoir aujourd'hui à Berlin le chancelier de l'Empire et M. de Kiderlen. La diplomatie allemande et particulièrement M. le Secrétaire d'État ont appuyé, dès le début, de la façon la plus loyale et la plus vigoureuse, mes efforts pour arriver à une intervention solidaire des grandes puissances européennes. M. de Kiderlen a collaboré personnellement avec beaucoup de zèle à faciliter une entente entre Londres, Paris, Vienne et Saint-Pétersbourg, entente qui a donné de bons résultats. Il ne serait donc pas justifié de faire dans cette affaire une différence entre la Triple-Entente et la Triple-Alliance. Pour le moment, il s'agit pour l'Europe associée tout entière de sauvegarder la paix. »

Que l'on compare également le compte rendu du correspondant berlinois de la *Frankfurter-Zeitung* du 9 octobre 1912, nº 280 : « Le ministre Sasonow a reçu hier soir, avant son départ, quelques journalistes ; d'une façon générale, il s'est exprimé dans les termes déjà communiqués par la *National-Zeitung*. Il parla avec une certaine amertume de la déclaration de guerre du Monténégro, qui avait été confirmée depuis, mais insista à plusieurs reprises sur le fait que les grandes puissances étaient décidées à localiser le conflit par tous les moyens politiques et même, si nécessaire, par des moyens militaires. »

Dans une interview au *Lokal-Anzeiger*, M. Sasonow a dit : « La base de la décision de l'Europe, c'est la solidarité des grandes puissances qui vient d'être officiellement déclarée ces jours-ci et avant tout le fait accompli de l'entente entre la Russie et l'Autriche. Les cabinets de Saint-Pétersbourg et de Vienne se sont trouvés d'accord sur le principe d'une politique conservatrice dans les Balkans. Maintien du *statu* passer auprès des cabinets européens pour un adversaire des panslavistes russes, dont il était au contraire — la suite des événements et la guerre de 1914 le démontrèrent — l'âme damnée.

Quand les troupes serbes, après leurs valeureux exploits, parurent vouloir gagner la mer Adriatique à travers l'Albanie, un nouveau problème surgit. Conformément au prin-

quo et de l'intégrité de la Turquie. La communauté de ces points de vue a fait oublier facilement les petits malentendus antérieurs (*sic* !), qui avaient troublé d'une façon passagère la vieille amitié existant entre les deux monarchies voisines, et il est hors de doute que cet accord austro-russe survivra victorieusement à toutes les difficultés futures qui pourraient se produire en Orient. A ce point de vue, l'Europe peut considérer avec un certain calme et sans crainte le déroulement subséquent des événements dans les Balkans. Une guerre balkanique, en supposant qu'on ne puisse pas l'empêcher au dernier moment (!), ne peut pas être une guerre européenne. L'Europe solidaire pourrait y assister les bras croisés. Cela serait une affaire de quelques semaines, après quoi tout serait comme avant, et la carte de l'Europe orientale resterait la même. Vainqueurs ou vaincus, aucune modification territoriale ! »

Le ministre russe se dit très satisfait de sa visite à Berlin et assura avec beaucoup de vivacité que toutes les conclusions que l'on avait tirées des mobilisations d'essai russes étaient complètement erronées. Il ne s'agissait là que d'ordres d'appels de contrôle, non seulement prévus en Russie mais ailleurs aussi. Attribuer à ces mobilisations des rapports avec les événements dans les Balkans, ce serait attribuer à la Russie des intentions desquelles ce pays était plus éloigné que jamais.

Que l'on compare également l'interview de Sasonow donnée au *Temps* du 6 octobre 1912.

cipe du droit des nationalités, proclamé par
les Etats balkaniques, l'Autriche-Hongrie et
l'Italie exigèrent la création d'un Etat albanais
autonome et s'opposèrent à une occupation
continue du pays par la Serbie et la Grèce.
Or l'acquisition de l'Albanie septentrionale
par la Serbie avait été tacitement prévue par
le traité bulgaro-serbe conclu sous le patro-
nage de la Russie et c'était celle-ci qui avait
encouragé le plan des politiciens radicaux
serbes d'un chemin de fer Danube-Adriatique,
d'un corridor économique à travers le Sandschak, d'une occupation de la côte adriatique,
ou tout au moins de l'acquisition de quelques
ports. Mais la diplomatie russe, comme
maintes autres fois, avait fait un faux calcul.
En effet, spéculant sur les conseils de modération prodigués par l'Allemagne à ses alliés,
la Russie n'avait pas prévu que l'affaire albanaise provoquerait une vigoureuse résistance,
de l'Autriche et surtout de l'Italie. Or, comme
le moment d'attaquer l'Autriche-Hongrie
n'était pas encore venu, ces aspirations de la
Serbie qui, au fond, n'étaient que des aspirations de la Russie, durent être désavouées et
représentées comme étant seules de nature à
provoquer la rupture de la paix générale. Exposé mensonger et qui visait uniquement à
tromper l'Europe. Des divergences, semble-
t-il, se manifestèrent entre les gouvernements

russe et serbe à cette occasion. On peut relire
à ce sujet les interviews données par M. Pachitch, notamment au *Times* [1].

Une tempête d'indignation s'éleva contre la
Serbie, accusée de menacer, par ses ambitions
albanaises, la paix des puissances. Lorsqu'il
m'apparut que, grâce à cette dénaturation des
faits, l'on méconnaissait totalement que le
danger était à Pétersbourg et non à Belgrade,
je me résolus à m'ouvrir au secrétaire d'Etat
allemand et aux représentants de la France
et de l'Angleterre.

Ceci se passait à la fin de novembre 1912.

Dans la conversation que j'eus avec M. de
Kiderlen [2], je m'appliquai à démontrer qu'il
ne fallait s'illusionner ni sur les vraies causes
de la guerre balkanique ni sur les buts qu'on
se proposait d'atteindre par cette guerre. *Tous les faits qui l'avaient précédée prou-
vaient d'une manière évidente que le conflit des
Etats balkaniques avec la Turquie n'était que
la première phase d'un plan russe de grande
envergure* qui avait comme objet, en lançant
les Etats balkaniques contre l'Autriche, de li-
quider une fois pour toutes, après la défaite
de la Turquie, la question de l'hégémonie
entre la Russie et l'Autriche sur les Balkans.

1. Voir *Times* du 25 novembre 1912.
2. Voir Siebert, *loc. cit.*, p. 577.

Je fis observer que toute la politique adriatique serbe n'était qu'une invention austrophobe de la Russie. Il était donc injuste de
reprocher à la Serbie seule de menacer la
paix européenne. Pétersbourg n'était pas de
bonne foi en abandonnant actuellement la Serbie en ce qui concernait l'Albanie et les ports
sur l'Adriatique. Il était d'une haute importance
pour toutes celles des puissances qui désiraient réellement la paix, y compris les puissances de l'Entente, la France et l'Angleterre,
de s'éclairer exactement sur les intentions de
la Russie. Ces puissances devaient exiger que
celle-ci précisât nettement ce qu'elle voulait,
afin d'être à même de décider s'il était com-
patible avec leurs intérêts vitaux de suivre
aveuglément la Russie et de *se précipiter
ainsi dans une mêlée générale.* L'Autriche-
Hongrie ne pouvait supporter à la longue de
la part de la Serbie de continuelles provocations; elle recourrait forcément à des contre-
mesures, ce qui rendrait les rapports de plus
en plus tendus. Vienne se trouvait justement
à l'égard de la Russie à un tournant où il
s'agissait de décider si elle pouvait espérer
mettre Belgrade de son côté par des concessions larges et considérables ou si elle devait
continuer à compter avec l'hostilité de la Serbie, *vassale et bélier de la Russie.* Un conflit
était inévitable avec celle-ci, auquel seraient

mêlés des Etats qui n'étaient pas directement
intéressés à la querelle, tels que l'Allemagne
d'un côté et la France de l'autre. Je conclus
que l'évolution des affaires balkaniques pen-
dantes serait un excellent thermomètre des
sentiments pacifiques des grandes puissances.

Tel fut à peu près le contenu de mon exposé.

M. de Kiderlen avait écouté avec attention
mes explications, m'approuvant sur beaucoup
de choses, mais il ne dit rien cependant de ce
qu'il pensait faire. De source amie — ce fut
M. Stein, de la *Frankfurter-Zeitung* qui
me le dit — j'appris quelques jours plus tard
que mes remarques avaient fait une très forte
impression sur le secrétaire d'Etat — je cite
textuellement les paroles qui m'ont été dites
— et qu'à la suite de notre conversation et par
l'entremise de l'ambassadeur d'Allemagne, il
avait fait faire des démarches à Pétersbourg.
Quelques jours plus tard, je reçus de M. Pachitch un télégramme m'informant que M. Sasonow était furieux des déclarations que
j'avais faites à M. de Kiderlen, mais il ajoutait que, malgré tout, je n'avais pas eu absolument tort de dire au secrétaire d'Etat que
la Russie se trouvait derrière la Serbie dans
la question albanaise. Peu de temps après,
parut dans le *Wiener Tagblatt*, une note, inspirée par Pétersbourg, dans laquelle on revenait sur les remarques que j'aurais faites à

M. de Kiderlen, touchant l'attitude de la Russie relativement à l'Albanie, en ajoutant que l'ambassadeur de Russie à Berlin avait été chargé de démentir et de traiter de mensongères mes paroles. Je priai M. de Kiderlen de me donner des renseignements à propos de cet incident. Il me déclara considérer comme superflu que je fisse personnellement des démarches quelconques, car il avait déjà fait de son côté le nécessaire. Il s'était entretenu avec l'ambassadeur de Russie et tous deux étaient tombés d'accord pour faire publier par l'agence télégraphique Wolff que la nouvelle du *Wiener Tagblatt* était un tissu de suppositions arbitraires et qu'il n'y avait pas eu de pareil échange de vues entre lui et l'ambassadeur de Russie.

L'incident fut ainsi clos.

A Saint-Pétersbourg, M. Sasonow simula l'innocence devant l'ambassadeur d'Allemagne et protesta de ses sentiments pacifiques. Par contre, il se répandit en injures contre moi auprès du ministre de Serbie, m'accusant de folie, parce que j'avais osé prétendre que le gouvernement russe n'était pas de bonne foi dans son amour de la paix [1].

---

1. Je connus ces détails postérieurement au déchaînement du conflit européen, par l'ancien ministre de Serbie à Saint-Pétersbourg. Je suppose que M. Sasonow avait appris de M. Hartwig, ministre de Russie à Belgrade, qui était très

Et cet homme osa, encore, en mars 1916, dans un discours à la Douma, qualifier la guerre européenne « le plus grand crime de l'humanité » !

Je me suis entretenu également de l'attitude équivoque de la Russie avec les ambassadeurs d'Angleterre et de France. Déjà, alors, Sir Edward Goschen m'avait dit, — et il m'a répété cela plus tard à maintes reprises — qu'il avait reçu de Sir Edward Grey lui-même les assurances les plus formelles qu'à aucun prix l'Angleterre ne se laisserait entraîner dans un conflit européen à cause de la question balkanique. Ces assurances furent également données aux hommes d'Etat allemands, qui n'émirent à leur sujet aucun doute, et cette confiance mutuelle rendit possible alors une collaboration utile et pacifique des deux Etats. Le désir de l'Angleterre de maintenir la paix fut aussi sensible à cette époque que furent visibles les échappatoires incessantes et les déclarations équivoques de la Russie. L'ambassadeur de France ne croyait pas que Pétersbourg oserait, *sans le concours de l'Angleterre*, provoquer un conflit européen. Toutefois déjà alors, il manifestait des inquiétudes au sujet de « certaines » influen-

lié avec M. Milovanovitch, que j'étais bien informé sur la politique russe.

Ceci expliquerait sa colère contre moi.

ces panslavistes secrètes à la cour de Russie. M. Jules Cambon exprima également, à l'égard de M. Iswolski, ses appréhensions au ministre de Belgique, ainsi qu'il appert de ses rapports publiés par le gouvernement allemand [1].

J'admettais que l'Angleterre, l'Allemagne et la France étaient également intéressées au maintien de la paix. M. Raymond Poincaré, alors ministre des Affaires étrangères, prenait l'initiative d'inviter les grandes puissances à faire une déclaration collective de désintéressement à l'égard du conflit balkanique [2]. Je connaissais d'autre part la volonté arrêtée de M. de Kiderlen de localiser ce conflit. Ces conjonctures diverses me portèrent à croire le moment favorable pour sonder les représentants des puissances des deux groupes les moins directement intéressés à l'issue du conflit et leur demander si, dans le cas même où, comme cela paraissait alors probable et proche, la Russie et l'Autriche entreraient en collision, une localisation de la guerre leur

---

1. *Documents belges*, 1905-1914, n° 94, 102, 103, 113.

2. Note de M. Poincaré du 31 octobre 1912 : « Les puissances reconnaissant que l'heure approche où elles pourront exercer leur médiation entre les belligérants de la péninsule balkanique et continuant de placer au premier rang de leurs préoccupations le maintien de la paix européenne, déclarent qu'elles s'appliqueront à leur œuvre commune dans un esprit d'absolu désintéressement. »

paraîtrait encore possible. Cette question me paraissait essentielle.

Je m'ouvris d'abord à l'ambassadeur de France. La France, pensais-je, ayant conclu avec l'Allemagne, après des négociations difficiles et délicates, un arrangement au sujet du Maroc et des colonies, ne saurait avoir aucune raison de remettre en question, pour des fins d'expansion russe, ce qu'elle avait obtenu, et de tirer ainsi les marrons du feu pour le tsar.

M. Cambon, en marquant beaucoup d'intérêt pour la question posée [1], me parut surtout préoccupé de l'attitude éventuelle de l'Allemagne; il ne me dit cependant pas un mot qui permît de penser qu'il crût la localisation avantageuse et désirable pour la France. Effectivement, la question pouvait être envisagée à différents points de vue. On pouvait, d'un côté, désirer, même dans le cas où le conflit balkanique gagnerait la Russie et l'Autriche, éviter la conflagration générale des puissances. Je ne crois pas faire fausse route en supposant que l'Angleterre et l'Allemagne ne se seraient pas opposées à ce moment à une discussion de cette nature. On pouvait aussi, du côté français, juger désirable une localisation de ce genre, parce que,

---

1. Voir Siebert, *loc. cit.*, p. 580.

selon toute probabilité, si la Russie et l'Autriche entraient en collision, celle-ci, livrée à ses propres forces, non aidée par Berlin, aurait le dessous, ce qui, indirectement, entraînerait l'affaiblissement de l'Allemagne. Dans cette hypothèse, la formule du désintéressement de M. Poincaré signifiait uniquement qu'on entendait, par la non-intervention de l'Autriche, que la guerre livrée par les Etats balkaniques à la Turquie se terminât par un succès de ces Etats; on pourrait ensuite, conformément au plan préconçu attaquer d'abord l'Autriche, moralement affaiblie, puis, enfin, l'Allemagne isolée.

Je vais brièvement indiquer comment l'occasion se présenta pour moi d'entretenir du sujet M. de Kiderlen et quelles furent les communications importantes qu'il me fit, notamment au sujet de la Serbie.

Justement, à cette époque M. San Giuliano, ministre italien des Affaires étrangères, se trouvait à Berlin. M. de Kiderlen ayant procédé, avec lui et le comte Berchtold, à un échange de vues, me pria de l'aller voir. Il tenait à m'instruire de la ligne de conduite adoptée par la Triplice afin que j'en fisse rapport à mon gouvernement. Je remerciai M. de Kiderlen de l'occasion bienvenue qu'il m'offrait de l'interroger et de me rendre compte, par ses réponses, des répercussions possibles de la guerre balkanique sur les rapports des grandes puissances. Il ne pouvait que me répondre nettement. Sa position était évidemment arrêtée, et, de cette position, qui mettrait en lumière les obligations et responsabilités des autres grandes puissances, je pourrais aisément déduire par prévision leur attitude.

Ayant rappelé les préoccupations dont je lui avais fait précédemment part touchant la Russie, l'éventualité d'une intervention autrichienne dans une affaire à laquelle les autres grandes puissances étaient beaucoup moins intéressées, je me permis de lui demander sans détour quelle serait l'attitude de l'Allemagne, si un conflit austro-russe se produisait et si le gouvernement allemand avait la certitude que, dans ce cas, l'attitude de la France se modèlerait sur la sienne. M. de Kiderlen, satisfait que je lui eusse posé cette question, m'assura qu'il y répondrait avec franchise, mais me pria de ne rapporter à Belgrade que partie de ses explications.

« Quelque souhaitable, me dit-il, pour le maintien de la paix européenne, qu'il fût de localiser le conflit balkanique, même si l'Autriche et la Russie s'y engageaient, cette localisation, dans les circonstances actuelles, serait, hélas! à mon avis impossible: je ne crois pas à la sincérité des politiciens français [1]. En conséquence, dans l'hypothèse envisagée, le *casus fœderis*, prévu par notre traité d'alliance, entrerait en vigueur [2].

« J'espère quand même que, précisément à cause de cela, chaque homme au pouvoir de l'Entente comprendra l'immense responsabilité qu'il y aurait à déchaîner un conflit si vaste et incalculable dans ses conséquences. Les puissances de la Triplice se rendent compte que la Turquie est agonisante et elles n'ont nullement l'intention de diminuer le succès des jeunes États balkaniques. Mais l'Autriche comme l'Italie et l'Allemagne se jugeraient menacées dans leurs intérêts par la Russie, si la Serbie avait accès à la mer Adriatique. Elles ne mettront aucun obstacle à l'ex-

1. J'ai appris de M. de Kiderlen et d'autres sources, sur les négociations franco-allemandes relatives au Maroc, bien des choses qui me font penser que les deux parties n'agissaient pas dans le même esprit. Par des moyens heureux ou malheureux, l'Allemagne tentait de réaliser un accord durable, tandis que la France cherchait simplement à se tirer d'embarras jusqu'au jour du grand règlement de comptes. Ce fut ce sentiment qu'ils n'avaient pas affaire à un contractant sincère qui, chez les hommes d'Etat allemands, agit d'une façon paralysante sur les négociations. M. de Kiderlen s'est plaint à maintes reprises à ce sujet, en m'exprimant aussi sa méfiance personnelle envers M. Poincaré. Il est donc probable que l'Allemagne eût consenti de plus larges concessions encore à la France, si elle avait pu compter sur une entente sincère. Comparer Annexes IX et XVII.

2. Voir Siebert, *loc. cit.*, p. 586.

pansion de la Serbie dans quelque autre direction que ce soit. Elles soutiendront même
les aspirations très justifiées, du point de vue
de ce pays, à un débouché sur la mer Égée.
Bien plus, elles lui prêteront leur concours
dans le cas d'une acquisition éventuelle de
Salonique, comme elles s'abstiendront d'intervenir *si les Bulgares occupent Constantinople*. La vallée du Wardar, avec un port sur la
mer Egée, voilà géographiquement et politiquement le champ d'expansion de la Serbie [1].
En ce qui concerne l'Albanie, il faudra compter avec les susceptibilités de l'Autriche et de
l'Italie. D'ailleurs, suivant le principe établi
par les Etats balkaniques eux-mêmes, le peuple albanais a droit à l'indépendance. C'est
évidemment une autre question de savoir si
ce peuple prouvera sa vitalité en tant qu'Etat.
On peut différer d'avis sur ce sujet, mais on
ne saurait encore rien préjuger. »

Je ne manquai pas d'attirer l'attention du
gouvernement serbe, d'une façon toute parti-
culière, sur les lignes directrices de la politique que la Triplice suivait à ce moment-là.
Malheureusement, ce gouvernement ne tint
pas compte de mes suggestions, parce qu'il
se trouvait déjà lié ailleurs, et parce que ni
son souverain ni ses hommes d'Etat respon-

____

[1]. Feu le roi Milan avait cette même conception.

sables ne possédaient les qualités nécessaires pour suivre une politique concordant avec les possibilités pratiques et les intérêts réels du pays, une politique nationale, indépendante de la Russie. Le manque de discernement et de maturité des Etats balkaniques, de la Serbie et de la Bulgarie en particulier, fit que le cours des événements, qui avait pris, en conséquence de la première guerre balkanique, une direction naturelle et aurait pu conduire à une solution définitive et heureuse, favorisa au contraire la gestation de la guerre européenne.

M. de Kiderlen mourut à la fin de décembre 1912. Sous M. de Jagow, son successeur, les tendances pacifiques de la politique allemande ne furent en rien modifiées, ce dont je pus ultérieurement fournir à mon gouvernement des preuves irréfutables, en lui transmettant, comme par le passé, des conseils bienveillants, sincères et amicaux, de Berlin, mais dont on ne tint, hélas ! pas assez compte.

Durant les négociations préliminaires de paix qui eurent lieu à Londres où siégeait une conférence d'ambassadeurs, le gouvernement allemand s'efforça constamment, ce dont on dut convenir du côté anglais et français, d'atténuer les divergences et, particulièrement, l'hostilité des points de vue russe et austro-hongrois, en ce qui concernait l'Albanie. C'est ainsi que l'influence modératrice de l'Allemagne à Vienne détermina l'Autriche à renoncer à l'attribution des villes de Djakowa et de Dibra à l'Albanie.

Ce fut uniquement pour maintenir la paix européenne que l'Allemagne n'hésita pas, dans certaines conjonctures, à exercer sur le gouvernement autrichien une pression qui fut ressentie parfois à Vienne fort désagréablement. Le Ballplatz dut souvent faire bon visage à mauvaise fortune. L'ambassadeur même de la Russie à Berlin, M. Sverbejew, témoigna, dans des conversations que nous eûmes, des intentions désintéressées et conciliantes du gouvernement allemand et de son action modératrice à Vienne. Il adressa certainement à Pétersbourg des rapports dans ce sens.

Je ne dois pas, par esprit d'équité, passer sous silence les efforts faits de son côté par le gouvernement austro-hongrois, lors de la première guerre balkanique, pour éviter un conflit avec la Russie. Ses exigences, comparées à ses aspirations antérieures, furent réellement modestes. Qui eût cru par exemple que l'Autriche permettrait, par l'occupation serbe du Sandschak, l'établissement d'une communication directe entre la Serbie et le Monténégro, préludant à l'union de ces deux pays, admettrait que Salonique passa, des mains turques, à celles des Bulgares, des Grecs ou des Serbes. Elle fit, ainsi que l'Allemagne, moins d'opposition que n'en fit l'Angleterre à l'occupation bulgare de Constantinople. La théorie du « Drang nach dem Osten » avec Salonique comme terme final, est une pure fantaisie de l'imagination. Comment Vienne eût-elle pu renoncer si aisément à de tels buts s'ils avaient été les motifs déterminants de sa politique ?

Vienne tenait beaucoup, à cette époque, à un accord avec Pétersbourg [1]. Pour tenter d'en jeter les bases elle envoyait en Russie, sans prévenir Berlin, en février 1913, le prince Hohenlohe. Mais le prince reçut du gouvernement russe, engagé à fond dans sa politique anti-autrichienne, un accueil glacial. Berlin tira du fait cette déduction que, si une entente demeurait possible entre Pétersbourg et Vienne, elle ne serait réalisable que par son intermédiaire.

Qu'on me permette de citer un autre exemple des dispositions, russophiles si je puis dire, de l'Autriche et dont j'ai eu connaissance par des personnes dignes de foi. Berlin reprochait au comte Berchtold la politique hésitante, indécise, au cours de la crise, de l'Autriche-Hongrie, et dont les propres discours de cet homme d'État aux Délégations don-

1. Comp. annexe XVIII.

naient le sentiment. Le comte Berchtold s'excusa. Il lui avait été difficile, expliqua-t-il, de diriger la politique de son pays, car, dès le début du conflit balkanique, il avait eu les mains liées; on lui avait, au nom de la couronne, laissé toutes les libertés *mais à la condition qu'en aucun cas on n'en vînt à un conflit avec la Russie.*

L'appui sincère de l'Allemagne ne fit pas défaut à l'Autriche. Le chancelier, M. de Bethmann-Hollweg, se plut à le souligner dans des discours. Mais cet appui ne s'exerça jamais d'une manière qui pût paraître une provocation. On le vit à l'occasion de l'occupation de Scutari par le Monténégro. A ce moment, en dépit du fait que Berlin se tenait derrière l'Autriche, une paix limitée eût pu être maintenue, car l'Angleterre ne désirait pas une guerre européenne à propos de Scutari, et, en Italie, M. San Giuliano, en raison de sa prédilection pour l'Albanie, se trouvait d'accord avec Vienne. Si l'Allemagne avait spéculé sur les chances d'une guerre à laquelle l'Angleterre n'eût pas participé, et où l'Italie, en revanche, se fût placée aux côtés de ses alliés, l'occasion lui fût apparue alors beaucoup plus favorable qu'elle ne devait l'être en juillet-août 1914.

Durant les négociations qui précédèrent à Londres la deuxième guerre balkanique, Berlin ne ménagea pas les conseils de modération aux vainqueurs, et alla jusqu'à déconseiller, par peur des complications, au prince allemand de Wied, domicilié à Potsdam, qui croyait compter sur le concours de l'Allemagne, d'accepter la dignité princière albanaise.

Les discussions préliminaires à Londres fournissent un triste tableau des discordes des Etats balkaniques et de l'incohérence de leurs revendications. Rien ne contribua davantage à démontrer *ad absurdum* l'esprit fallacieux du projet de confédération balkanique sous protectorat russe.

IV

LA DEUXIÈME GUERRE BALKANIQUE
(1913)

SERBES et Bulgares durent de nouveau négocier entre la première et la deuxième
guerre balkanique, au printemps de 1913 ; la
Russie fit des efforts désespérés pour accorder les négociateurs [1]. Le tsar lui-même
adressa dans ce sens un télégramme et une
lettre au roi de Bulgarie [2]. La rédaction de
ces documents eût été différente s'il ne se
fût agi de buts politiques *russes* qui couraient
le danger d'être mis en échec par le désaccord des Etats balkaniques [3].

1. Jamais je n'oublierai comment M. Swerbejew, ambassadeur de Russie à Berlin, me demanda, avec un parfait
sérieux et les larmes aux yeux, alors que Serbes et Bulgares
se livraient déjà depuis une quinzaine de jours des batailles
sanglantes, si la guerre ne pouvait être évitée et une entente conclue.

2. Comparez : Annexe XIX.

3. Caractéristique fut l'attitude de la presse russe et
française, que traduit et résume fort bien cet article du

Tous ces efforts furent vains, parce que, comme le fit judicieusement observer le *Temps*, les Etats balkaniques étaient incapables de comprendre les intérêts « plus élevés » de la

Temps du 4 juillet 1913, auquel M. Iswolski ne doit pas avoir été étranger, et où apparaît clairement la fureur sans bornes provoquée par l'échec du plan de Pétersbourg :

La Démence balkanique. Les Etats balkaniques ont commis la folie, dont leurs amis se plaisaient à les croire incapables. Ils n'ont pas osé se déclarer la guerre. A son tour enfin la Roumanie mobilise, et la crainte qu'elle a d'arriver trop tard permet de redouter de sa part de brusques initiatives. Les alliés ont une responsabilité politique solidaire dans cette néfaste aventure. Les discussions de chicane, par lesquelles ils ont compliqué l'un après l'autre la préparation de l'arbitrage, les vaines réserves qu'ils ont accumulées sur la route de la seule solution possible, les alternatives incohérentes de conciliation et de résistance par quoi ils ont retardé l'intervention libératrice de l'empereur de Russie donnent la mesure de leur esprit politique. Il serait puéril et fastidieux de les départager. Tous, chacun à son heure, se sont mis dans leur tort. Communes aussi leur sont les responsabilités militaires. Si les Bulgares semblent avoir attaqué les premiers, les Serbes ont aussitôt montré qu'ils ne désiraient qu'une occasion d'élargir en guerre véritable les rencontres d'avant-postes. Les Grecs qui s'étaient plaints légitimement des coups de canon tirés naguère contre leur flotte par les Bulgares de Kavalla se sont infligés par l'écrasement sans gloire des 1.200 Bulgares de Salonique un discrédit pareil. Ces agressions successives n'ont rien de la grandeur d'une guerre. Ce sont de mauvais coups de surprise obliques et peu honorables. Que sera la suite ? Pour l'Europe elle ne s'annonce pas, sauf complications, très redoutable. Car les Etats balkaniques, par leur façon de procéder, ont fait le vide autour d'eux. S'il leur plaît de s'entr'égorger et de se diminuer eux-mêmes, ils détourneront en quelque sens que ce soit, les grandes

Russie, qui étaient en jeu [1], les Bulgares n'étaient pas mentalement préparés à comprendre que les plans préétablis doivent évoluer avec les circonstances ; le gain doit varier avec l'enjeu ; et, en droit public, la *clausula rebus sic stantibus* a toujours joué un grand rôle.

puissances de les soutenir. Car il est désormais acquis que soit dans un sens, soit dans l'autre il est impossible de faire fond sur eux. Une partie européenne engagée dans de telles conditions serait injustifiable. Les grandes puissances, croyons-nous, sont dès maintenant d'accord pour tracer autour des Balkans un cordon sanitaire et se protéger contre les conséquences d'un accès de démence collective, qui ne peut s'apaiser que dans l'isolement. Au point de vue balkanique la situation n'est que trop claire. L'œuvre d'un an d'efforts est à terre. Même si les adversaires se lassent après quelques jours de combat — ce qui est fort probable — ils sortiront de là affaiblis matériellement et moralement, jouets de l'Europe et non plus maîtres de leurs destinées. Pour racheter leur faute et se replacer dans l'estime du monde au point où ils étaient il y a trois mois, combien d'années seront nécessaires ? Le présent détestable qu'ils se sont ménagé pèsera longtemps sur leur avenir. Ceux qui les avaient crus assurés d'un sort meilleur le constatent avec tristesse. — Dans le même sens le *Temps*, du 29 mai *Au Bord de la Folie*, du 5 juillet *La Douloureuse*, et du 6 juillet *La Guerre Fratricide*.

La lecture des différents articles de politique étrangère de M. Tardieu parus dans le *Temps*, particulièrement à partir de la première guerre balkanique de 1912, offre une matière précieuse pour comprendre et apprécier l'histoire politique et pour discerner les forces motrices qui menèrent à la guerre européenne.

1. Comp. Livre rouge bulgare, vol. I, n° 142, où le ministre de Bulgarie à Pétersbourg écrit que l'aversion contre la Bulgarie a pris des proportions effrayantes.

La Serbie avait indubitablement fait, au point de vue militaire, un plus grand effort contre la Turquie qu'elle n'y était obligée par le traité; en conséquence et fort naturellement, elle avait le droit d'exiger une indemnité spéciale. En outre, fait plus important, la première guerre balkanique avait eu pour effet de contraindre la Serbie à renoncer à certains territoires, notamment à l'Albanie septentrionale, qui auraient dû, suivant le traité, lui être remis en compensation des concessions faites aux Bulgares. Toutes les prévisions furent bouleversées par l'obligation où se trouva la Russie, en présence de la querelle serbo-bulgare, des concessions offertes par Vienne et de l'attitude de l'Angleterre, d'ajourner l'exécution de ses plans d'agression contre l'Autriche à des temps meilleurs. Mais, pour raccourcir les délais et engager la Serbie à une modération circonstancielle envers la Bulgarie, Pétersbourg ne cessa de lui répéter que *l'acquisition de la Bosnie et de l'Herzégovine était une affaire de réalisation proche*. Il est d'une extrême importance de rappeler ce fait pour déterminer dès l'origine les responsabilités de la catastrophe de 1914.

Ceux qui ont étudié les raisons qui opposèrent la Serbie et la Bulgarie n'ont pas mis suffisamment en lumière le caractère malsain, équivoque, des négociations en vue de l'entente, ni combien les positions des parties intéressées étaient différentes. La Bulgarie, la Grèce, et vraisemblablement aussi, à ce moment, la Roumanie, cherchaient à réaliser par la guerre un but prévu, déterminé et final. Au contraire, pour la Russie et la Serbie, l'affaire en cours représentait la première phase d'une guerre contre l'Autriche, qui serait suivie, si l'Autriche était défaite, d'une guerre contre l'Allemagne isolée, c'est-à-dire d'une guerre européenne. S'il en avait été autrement, la Serbie, après l'effort accompli au bénéfice de la Bulgarie, eût, comme il est d'usage dans les Balkans et comme l'esprit de défiance le lui dictait, saisi immédiatement quelque gage; on ne croyait certainement pas à Belgrade que l'accord primitif conclu, mais indiqué à grandes lignes, pût servir de base à un dénouement satisfaisant toutes les parties. Mais Serbes et Russes estimèrent plus sage de ne pas évoquer la question des gages, d'en ajourner le règlement au moment où tous les Slaves du Sud seraient réunis sous le protectorat russe. Les Serbes, bien nantis alors du côté autrichien, pourraient donner toutes satisfactions aux Bulgares en Macédoine. Au contraire, si les Bulgares étaient immédiatement satisfaits, le peuple et, particulièrement, le roi Ferdinand, se décideraient difficilement à aider la Serbie contre l'Autriche.

Or les choses, on l'a vu, prirent une autre tournure. Si le plan contre l'Autriche dut être ajourné, le règlement de comptes avec la Bulgarie ne put être évité. Le résultat en est connu. On me permettra, pour le caractériser, de rappeler le discours que me tint personnellement M. Pachitch, alors ministre des Affaires étrangères, en août 1913, à Marienbad, c'est-à-dire immédiatement après la fin de la guerre bulgaro-serbe, discours que je considérai alors comme l'expression d'une espèce de folie de grandeur : *Déjà, lors de la première guerre balkanique, me dit M. Pachitch, j'aurais pu déclencher la guerre européenne pour l'obtention de la Bosnie et de l'Herzégovine ; mais, craignant que nous ne fussions alors forcés de faire à la Bulgarie de plus grandes concessions en Macédoine, je voulus avant tout nous assurer la possession de cette Macédoine afin de pouvoir engager ensuite une action en vue de l'acquisition de la Bosnie et de l'Herzégovine* [1].

1. A la conférence de la paix de Bucarest, en 1913, M. Pachitch s'exprima en termes analogues. Après la signature du traité, au sortir de la salle de conférence, il dit, en frappant sur l'épaule de M. Politis, délégué de la Grèce : « La première manche est gagnée ; maintenant il faut préparer la seconde contre l'Autriche. »

Une partie de la presse française, et si je ne me trompe, même le *Temps*, présentèrent M. Pachitch et M. Venizelos comme deux des plus grands hommes d'Etat des XIXᵉ et XXᵉ siècles. Par le temps qui court, il faut se garder des superlatifs !

Cette phrase vaut des volumes! Voilà à quels résultats pitoyables aboutissait la méfiance mutuelle des grandes puissances ! L'existence et le salut de l'Angleterre, de l'Allemagne, de la France, dépendant des ambitions de quelques petits Etats et de M. Pachitch! La civilisation séculaire de grands Etats devenant un simple atout aux mains de petits joueurs de culture inférieure!

La guerre européenne ayant alors été ajournée, les Serbes s'en attribuèrent l'exclusif mérite, comme M. Milovanovitch, ministre sagace des Affaires étrangères en 1909, s'était attribué celui alors du maintien de la paix, ce qu'il signifia en posant sa candidature au prix Nobel.

L'étude du traité de Bucarest, conclu en 1913, facilite puissamment l'intelligence des événements postérieurs en 1913 et 1914.

Les négociations préliminaires eurent lieu sous les auspices de la Roumanie; la tendance des vainqueurs était de tirer les conséquences extrêmes de leurs victoires, notamment contre la Bulgarie, et de créer un nouvel état de choses dans les Balkans. Bucarest avait obtenu, sans sacrifices militaires, des succès politiques et territoriaux importants. On pouvait donc admettre que son gouvernement désirât, de bonne foi, sous le règne du roi Charles, une consolidation de la situation créée,

particulièrement avantageuse pour la Roumanie, devenue une puissance balkanique diri-
geante. Donc, Bucarest s'efforça d'affermir
ses rapports avec la Grèce et la Serbie aux
fins de rendre impossible une perturbation du
nouvel équilibre par la Bulgarie et la Turquie.
Le bon sens indiquait que la consolidation
des acquisitions exigerait des années, d'autre
part, les aspirations des Etats balkaniques
étant satisfaites grâce à l'effondrement de la
Turquie, la période des complications belliqueuses semblait être provisoirement close[1].

Pour avoir les mains libres aussi, du côté
de l'Autriche, le gouvernement roumain —
M. Pachitch m'a raconté lui-même qu'on le
lui avait dit à l'occasion des négociations de
paix à Bucarest — ne renouvellerait pas la
convention militaire conclue antérieurement
avec Vienne et Budapest. Mais, dans les cercles dirigeants de Berlin, on croyait du moins
que la Roumanie, quels que fussent les efforts
persévérants du gouvernement russe, refuse-
rait de se lier avec Pétersbourg. Précisément,
dans l'intervalle, le gouvernement Maiorescu
avait renouvelé pour la seconde fois avec la
Triplice, à l'insu de la Russie, le traité d'alliance, étendu, outre l'Autriche, à l'Italie et

---

1. Voir aussi sur le traité de Bucarest et ses suites, le
Livre rouge bulgare, t. I (1914-1915) qui donne d'intéressants détails sur la situation politique de la Bulgarie.

à l'Allemagne. Or, entre temps, le gouvernement roumain, sous M. Bratianu, je crois, concluait avec Pétersbourg, à l'occasion de la présence à Livadia de l'empereur de Russie, certains arrangements secrets. Ces contradictions exigent d'être expliquées[1].

Au cours des négociations de paix à Bucarest, le roi Charles et M. Maiorescu donnèrent à plusieurs reprises au gouvernement serbe le conseil bienveillant de contribuer sincèrement à une amélioration de ses rapports avec l'Autriche-Hongrie, seul moyen, à leur avis, de tirer des beaux succès militaires serbes des avantages politiques durables.

Je tiens également de M. Pachitch lui-même ces renseignements qui m'ont été confirmés par le secrétaire d'Etat allemand, M. de Jagow.

Une alliance balkanique, fondée sur la base solide et saine que conseillait la Roumanie, eût eu certainement les sympathies de l'Allemagne.

1. Il est hors de doute qu'on découvrira encore, et de source roumaine, beaucoup de preuves de cette activité secrète de la Russie, si menaçante pour la paix de l'Europe. Il restera à examiner avec soin jusqu'à quel point elle fut en corrélation avec la politique de la France, de l'Angleterre. Qu'il y ait eu, sous ce rapport, une collaboration étroite entre la Serbie et l'Entente, cela est hors de doute ; déjà, fin 1911, le chef du parti radical, M. Pachitch, déclarait, dans un discours électoral, que le sort de la Serbie était indissolublement lié à celui de l'Entente.

L'Allemagne crut, en effet, naïvement, mais sincèrement, que la nouvelle alliance balkanique se trouverait, dans son propre intérêt, unie pour la défense de la paix. Cette conviction la porta à dédaigner la méfiance de l'Autriche et même à prendre position contre elle, contre son activité politique en Roumanie. Pour apaiser les querelles subsistantes, Berlin fit intervenir Guillaume II lui-même dont on se rappelle les télégrammes échangés avec le roi Charles[1].

L'atmosphère parut se clarifier et la paix s'établir. J'en exprimais, dans un entretien avec le correspondant berlinois de la *Neue Freie Presse*, ma satisfaction ; j'étais heureux de pouvoir rendre hommage à la politique de prévoyance des grandes puissances et à celle de l'Allemagne en premier lieu. J'estimais fondés, à un point de vue purement juridique et en m'appuyant sur le traité de Berlin, le droit et le devoir des puissances signataires de ce traité de reconnaître l'état de choses créé dans les Balkans.

Si les gouvernements des Etats balkaniques, intéressés au maintien du nouveau *statu quo*, avaient conformé leur conduite à

---

1. Les événements des années qui suivirent ont pleinement démontré que l'Autriche, par sa conduite d'abord en Roumanie, se causa à elle-même et causa à l'Allemagne un tort irréparable.

cette notion de leurs intérêts, je ne doute pas que l'Allemagne, mue par l'ardent désir de ne pas compromettre la paix générale, n'eût réussi à amener l'Autriche elle-même à reconnaître formellement le traité de Bucarest. Mais la question de cette reconnaissance demeura en suspens et le sentiment d'incertitude et d'instabilité persista.

La publication de mes déclarations au correspondant de la *Neue Freie Presse* provoqua contre moi une tempête d'indignation à Belgrade. Les « petits », je dois le dire, dans leur orgueil présomptueux, voulaient se mettre à la place des « grands ». Il ne pouvait être question « d'accorder » aux grandes puissances le droit de reconnaître le nouvel état de choses dans les Balkans. Même le gouvernement serbe m'ordonna de démentir l'interview. Je ne le fis pas. Et c'est avec une vive inquiétude que je pressentis dès lors où nous allions et où nous conduisait la voie qu'on s'était décidé à suivre.

Deux incidents, dont le premier est de peu d'importance mais qui éclaire le second, montrèrent à quelques mois de distance quels efforts l'Allemagne ne cessait de faire pour écarter ou dissoudre, dès qu'ils apparaissaient, les éléments d'un conflit possible.

Le gouvernement autrichien avait fait procéder à des travaux topographiques, dans une île du Danube lui appartenant. Le gouvernement serbe s'en inquiéta. Il porta le fait à la connaissance des grandes puissances. Je dus en parler au sous-secrétaire d'Etat, qui remplaçait M. de Jagow, alors en congé. M. Zimmermann se chargea avec empressement d'éclaircir cette affaire. Il demanda sur-le-champ les renseignements nécessaires à l'ambassadeur d'Allemagne à Vienne. Les ayant reçus, il me pria de calmer les inquiétudes de mon gouvernement. Vienne lui avait en effet donné des assurances tranquillisantes ; les mesures autrichiennes prises ne comportaient pas d'intention agressive et, au point de vue militaire, elles étaient d'une importance tout à fait insignifiante. Profitant de l'occasion, le sous-secrétaire d'Etat ne négligea pas de conseiller avec bienveillance au gouvernement serbe de faire tout son possible pour que ses relations avec l'Autriche devinssent amicales, dans l'intérêt des deux parties, Vienne ne réclamant de la Serbie rien qui ne fût correct et loyal.

Le second incident, d'une plus grande importance et qui se déroula peu de mois après, au mois d'août 1913, corrobore les conclusions que nous avons tirées du premier.

La Serbie, on le sait, n'avait consenti qu'à contre-cœur à la délimitation des frontières de l'Albanie par les grandes puissances ; elle n'avait pas cessé de déclarer que cette délimitation était arbitraire, et que, les points stratégiques qu'elle convoitait ne lui ayant pas été livrés, elle se trouvait exposée à des incursions continuelles de la part des Albanais sur son propre territoire. Or des Albanais ayant effectivement pénétré en territoire serbe quelques mois après la délimitation des frontières, le gouvernement de Belgrade, sans consulter les puissances, fit procéder, après le refoulement au delà de la frontière des bandes, et de son propre chef à l'occupation de ceux des points stratégiques qui lui parurent les plus importants. Les représentants de la Serbie à l'étranger, qui parlaient et se vantaient beaucoup depuis les succès militaires de 1912-1913, comme s'ils en avaient été les auteurs, ne se firent pas faute aussitôt d'accuser l'Autriche de vouloir appuyer le mouvement albanais. La Serbie officielle mit ainsi de nouveau la patience de l'Autriche à une rude épreuve [1].

Au cours des entretiens que j'eus à ce sujet, dans le courant du mois d'août 1913

---

1. Interviews de M. Vesnitch et Spalaïkovitch. Même M. Jovanovitch, secrétaire de légation à Berlin et actuellement ministre de Serbie à Berne, profita de mon absence — sans être conscient de quelle façon il menaçait la paix générale — pour attaquer dans le *Lokalanzeiger* la politique autrichienne en Albanie.

avec M. de Jagow, celui-ci m'invita à plusieurs reprises à exhorter le gouvernement serbe à la plus grande modération, l'Autriche étant devenue très susceptible en raison de tout ce qui s'était passé, c'est-à-dire des concessions successives que, bon gré mal gré, elle avait dû faire en 1912 et au début de l'année suivante.

Je ne manquai pas, dans mes rapports à mon gouvernement, d'insister sur ces sincères exhortations.

Un jour le secrétaire d'Etat, m'ayant fait prier de passer chez lui, m'engagea vivement à avertir, une fois encore très instamment, mon gouvernement des risques qu'impliquerait l'inobservation, tant dans ses actes que dans ses dires, de la plus grande prudence vis-à-vis de l'Autriche ; la patience de celle-ci, me confia-t-il, était à bout et elle se disposait à prendre très prochainement des mesures militaires contre la Serbie.

Je partis aussitôt pour Belgrade, afin de faire, personnellement, cette communication de haute importance au roi et à mon gouvernement, espérant beaucoup de ces conversations directes. Malheureusement, je me heurtai partout à une incompréhensible insouciance ; le remplaçant du ministre des Affaires étrangères, M. Spalaïkovitch — M. Pachitch était encore en congé — se montra plein d'assurance, prêta peu d'attention à ma révélation, et se comporta comme si rien ne pouvait être à redouter d'une puissance comme l'Autriche. Cependant, M. Pachitch ayant regagné son poste, je pus finalement lui communiquer les avertissements du gouvernement allemand avec le même résultat.

Comme je l'ai exposé, m'appuyant de pièces probantes, il arriva fréquemment aux hommes d'Etat serbes de faire entrer dans leurs calculs politiques des facteurs inexistants. C'est ainsi que M. Spalaïkovitch, comme je l'appris de l'ambassadeur d'Angleterre à Berlin, avait déclaré au chargé d'affaires anglais à Belgrade que la Roumanie répondrait à toute attaque dirigée par l'Autriche contre la Serbie par une déclaration immédiate de guerre! Cette information, même si elle avait été exacte, n'aurait dû être, en aucun cas, communiquée à des tiers, à moins qu'il ne s'agît d'alliés contre l'Autriche. Et même, dans ce dernier cas, la Roumanie seule eût été en droit de parler. La déclaration parvint certainement à la connaissance du gouvernement roumain. Il n'est que trop aisé de se représenter l'impression désagréable qu'elle provoqua dans les sphères politiques de Bucarest. Quelque sincère qu'ait pu être le désir de la Roumanie d'un rapprochement avec la Serbie, les procédés du gouvernement serbe, qui ont conduit à la guerre européenne, rendirent non seulement difficile, mais presque impossible, l'exécution, dès cette époque, de cette politique.

L'ancien président du Conseil des ministres d'Italie, M. Giolitti, a évoqué, devant le Parlement italien, avant que l'Italie déclarât la guerre à l'Autriche, les événements de l'été de 1913 que nous venons de rappeler. Mais il dénatura, à cette occasion, l'attitude de son pays. L'Autriche, déclara-t-il, avait dès août sollicité l'assentiment de l'Italie à une procédure militaire contre la Serbie, mais le gouvernement de Rome s'y refusa.

La révélation du fait, loin de justifier les conclusions que M. Giolitti en tira, montre, une fois de plus, la duplicité traditionnelle de la politique italienne.

D'accord avec Vienne, touchant l'Albanie, et même se montrant plus intransigeant que l'Autriche à l'égard de la Serbie, le gouvernement italien affirma à maintes reprises, comme me le confirma M. Pachitch, lors de mon séjour à Belgrade, que la monarchie dualiste seule excitait les autres puissances contre le royaume serbe.

L'Italie utilisa toutes les occasions possibles de rendre l'Autriche-Hongrie suspecte à Belgrade, ses intérêts spéciaux, dans les Balkans, lui commandant, comme à la Russie, de con-

trecarrer tout rapprochement sincère austro-
serbe.

Dans le même temps, à Berlin — comme
sans doute aussi à Vienne — l'ambassadeur
d'Italie, M. Bollati, se plaignait à M. de Jagow de l'attitude de la Serbie à l'égard de la
question albanaise [1].

Les grandes puissances en étaient arrivées
à se plaindre les unes des autres aux petits
Etats. Que n'a pas dit la Russie sur l'Autriche à Belgrade ! et pendant combien d'années !

Il ne me convient pas d'expliquer davantage
le rôle douteux que joua l'Italie, comme alliée
de l'Allemagne et de l'Autriche pendant toute
la durée de son alliance ; mais il convient,
pour prévenir l'acclimatation d'une erreur
d'histoire qui représente Victor-Emmanuel
comme ayant été contraint par l'opinion publique à la guerre contre ses alliés, de rappeler ce fait dont je tiens la révélation de
bonne source : le roi d'Italie prit une part active personnelle aux intrigues ourdies depuis
des années contre l'Autriche et l'Allemagne.
Son antipathie pour Guillaume II était bien
connue des milieux informés, mais elle n'apparaît pas avoir été un motif déterminant de
sa conduite. On incline plutôt à croire à l'influence directe des cours russe et serbe, aux-

1. Comp. également p. 61, note 2.

quelles il était lié, par sa femme. De toute manière, Victor-Emmanuel avait favorisé les
engagements de son pays envers l'Entente, et,
surtout, la France. M. Poincaré, rappelant
expressément, le 19 octobre 1918, à l'occasion
d'une visite du roi, ces engagements pris envers la France, en 1902, contre l'Autriche et
l'Allemagne alliées, laissa échapper que Victor-Emmanuel en avait été l'initiateur.

Le gouvernement italien ne fit alors au gouvernement serbe aucune communication au
sujet des intentions belliqueuses de l'Autriche,
et ce fut l'Allemagne qui, amicalement, mit la
Serbie sur ses gardes.

Mais, après ces avertissements à Belgrade,
elle se tourna vers Vienne, lui recommanda
instamment, à son tour, la modération et la
réserve envers la Serbie.

L'attitude de l'Allemagne fut donc parfaitement claire ; durant la période qui précéda
immédiatement la guerre européenne, elle fit
le maximum d'efforts pour prévenir un conflit
austro-serbe armé, redoutable par ses conséquences possibles. Si l'Autriche avait eu des
visées d'expansion ou simplement d'agression,
elle ne les eût pas soutenues. Mais d'autre
part, en loyale alliée, elle ne pouvait se dérober et ne se déroba pas au devoir d'aider
l'Autriche à sauvegarder des intérêts légitimes et à maintenir son prestige.

Quant à l'Autriche elle-même, ceux qui ont pu suivre de près en 1912-1913 le jeu des grandes puissances et des Etats balkaniques ne pourraient, sans partialité, lui reprocher d'avoir manqué de patience ou d'indulgence envers la Serbie. Si, en août-septembre 1913, elle songea à une campagne militaire contre Belgrade, ce ne fut pas pour s'engager dans ce que feu San Giuliano dit avoir qualifié de *pericolosissima aventura*, mais parce qu'elle se sentait à bout de résignation et convaincue de la nécessité, tôt ou tard, d'une liquidation des différends sans cesse renaissants et s'aggravant, par les armes. Les événements lui ont donné raison.

Au surplus, si le gouvernement autrichien avait simplement obéi, au cours de l'été de 1913, à des considérations tactiques, il eût bien mal choisi son heure. La Serbie sortait alors de ses deux guerres, territorialement fort agrandie et moralement fortifiée. En réalité, en n'intervenant pas, dès le début de la première guerre balkanique, où, au plus tard, dès les premières défaites turques, l'Autriche prouva qu'elle ne nourrissait contre Belgrade aucun dessein agressif, mais désirait plutôt gagner sa voisine à une politique paisible de bon voisinage.

Lorsque j'eus regagné, au cours de l'automne 1913, mon poste de Berlin, j'eus aus-

sitôt le pénible sentiment que tout espoir fondé
sur le traité de Bucarest était, un leurre ; la
connaissance que j'avais acquise de la politique russo-serbe ne me permettait plus d'illusions. Le moindre incident devrait inévi-
tablement déchaîner le plus grave conflit.
Dirigeants de Pétersbourg et de Belgrade en
avaient ainsi décidé. Depuis 1913 jusqu'à août
1914, leur politique fut uniquement de préparation à la guerre [1]. Mes appréhensions ne
me trompaient donc pas. Au moment même
où elles s'imposaient à mon esprit, la Serbie,
engagée financièrement envers la France, liée
inextricablement à la Russie, marchait à grands
pas vers un conflit avec l'Autriche.

1. Cf. en premier lieu annexe XX.

V

LES RELATIONS ANGLO-GERMANIQUES
ET FRANCO-ALLEMANDES

L'ÉTUDE des relations de l'Allemagne avec l'Angleterre et la France est aussi de la plus haute importance pour établir les origines, les causes et les responsabilités de la guerre européenne.

Nous laisserons à de plus qualifiés le soin de soumettre ces relations à une investigation et à un examen approfondis.

Mais je dois au lecteur de lui faire connaître quelques observations que j'ai faites personnellement au cours de ma carrière diplomatique, — notamment chargé d'affaires à Paris (1904-1907) — dans le cours des dix dernières années. Puissent ces observations être utilisées, et les problèmes que j'effleure approfondis !

Les rapports de l'Allemagne avec ses voisins de l'ouest, la France et l'Angleterre, s'enchaînent de multiples façons ; on peut donc, tout en respectant l'ordre chronologique, les considérer ensemble, je veux dire, ne pas les isoler.

L'antagonisme franco-allemand a ses sources, historiquement, dans des divergences ethnologiques, des différences de tempérament, de conception de la vie sociale et politique, qui ont persisté, bien qu'en s'atténuant, malgré le développement des échanges économiques et culturels entre les différents pays. En ce qui concerne la France, ses antipathies, prononcées contre l'Allemagne, s'étendaient à d'autres pays, à l'Angleterre notamment. Il est circonstanciellement aisé de triompher des antagonismes de race, comme le démontre l'histoire. On en voit des exemples dans l'entente franco-anglaise, l'alliance franco-russe, l'amitié russo-japonaise, l'alliance bulgaro-germano-turque. Mais on peut se demander si de telles alliances sont par leur nature durables et si, conclues pour des raisons politiques momentanées, elles leur survivront.

Les antagonismes politiques, ou rendus artificiellement politiques, et entretenus systématiquement, sont, quelque paradoxal que cela paraisse, plus difficiles à aplanir que les différends de race. Cela est prouvé jusqu'à l'évidence par l'influence exercée par la presse chauvine allemande, anglaise et française, pendant les dernières années qui précédèrent la déclaration de guerre.

C'est ainsi aussi que la guerre franco-allemande de 1870-1871, si malheureuse pour la France, et la perte des provinces de l'Alsace et de la Lorraine devinrent la cause principale de l'antagonisme latent français à l'égard de l'Allemagne et que le désir de revanche fut l'unique motif qui porta la France à entrer dans une guerre née d'un conflit austro-russe.

La France ne sut pas, comme nous l'enseigne également l'histoire, s'accommoder de certains changements internationaux, y ajuster son organisation intérieure. Son hostilité incessante empêcha toute consolidation en Europe d'un état de choses déjà existant ou nouvellement créé. Continuellement elle visa à modifier ce qui était, mue jusqu'en 1870 par l'ambition d'établir en Europe son hégémonie (Louis XIV, Révolution française, Napoléon Ier, Napoléon III). On se borne ici à constater, et même, loin de trouver dans l'histoire de la France matière à reproches à l'adresse du peuple français, on rend plutôt hommage à ses hautes capacités, dont l'humanité tout entière a tiré profit ; mais il a souffert en s'efforçant de les réaliser.

Là où la lumière abonde, il y a aussi beaucoup d'ombre.

En 1870 la France était unifiée comme nation, à peu d'exceptions près, cependant que
l'Allemagne avait encore à constituer son
unité nationale.

Déjà, avant le conflit surgi au Maroc, il
était rare qu'on rencontrât un homme d'Etat
français qui voulût admettre la nécessité ou
même l'utilité d'un arrangement politique sincère et durable avec l'Allemagne, qui aurait
consolidé le statut général de l'Europe [1].

L'idée de revanche domina les gouvernants français et, dans les dernières décades,
fit suivre à la France une politique qu'on
peut qualifier de tous les adjectifs, sauf de
celui de naturelle, une politique qui devait
porter des fruits funestes et en portera encore, malgré la victoire de la France, si ses
gouvernements demeurent dans la même
voie, car, s'ils ne sont plus obsédés aujour-
d'hui par le désir de se venger de l'Allemagne, ils le sont par la crainte d'une revanche future de ce pays.

Combattre l'Allemagne, ce fut là l'unique
raison qui détermina la France à solliciter

---

1. Le général Picquart et, plus tard, M. Joseph Caillaux,
furent les rares hommes avec lesquels on pouvait causer
raisonnablement sur cette question.

l'alliance de la Russie, c'est-à-dire d'un Etat qui, dans des circonstances normales, n'aurait pu entretenir avec elle aucun rapport d'ordre moral et politique.

La France établit toute sa politique sur l'hypothèse d'une Russie victorieuse, grâce à l'argent, aux armes et aux moyens techniques français, de l'Allemagne, et l'aidant à vaincre à son tour, c'est-à-dire à récupérer l'Alsace-Lorraine. Tel est le but auquel on a sacrifié tant de milliards, et pour lequel on s'est mis à la remorque de la politique panslaviste. Or qu'est-il arrivé ? La Russie échoua militairement ; la France se vit forcée de consentir d'énormes sacrifices pour une combinaison politique dont l'expérience avait prouvé la faiblesse. Cela la conduisit à soutenir, après la chute du système tsariste, le régime Kerenski, puis à se cramponner à la dictature militaire des Koltchak, Denikine, Wrangel ; et elle persistera dans cette voie, obsédée par le désir de ressusciter une Russie militariste, quel que soit son régime intérieur, alliée de nouveau à la France contre l'Allemagne.

Déçue momentanément dans ses espérances, elle a tenté de réaliser avec la Pologne ce qu'elle n'a pu accomplir avec la Russie, prolongeant ainsi indéfiniment une politique d'alliances contre nature à laquelle des millions d'hommes ont été sacrifiés.

L'entente avec l'Angleterre fut motivée par les mêmes desseins. Pour l'obtenir, Paris n'hésita pas à sacrifier, après avoir essuyé l'affront de Fachoda, ses ambitions coloniales, ses droits en Egypte, et d'autres espérances séculaires. Le marché fut, il est vrai, rémunérateur ; l'Angleterre donna plus qu'elle n'avait promis et qu'on attendait d'elle ; son concours et celui des Etats-Unis décidèrent du sort de l'Alsace et de Metz.

Mais ces gains valaient-ils, outre les abandons et les renonciations de tout ordre consentis par la France au bénéfice de la Russie et de l'Angleterre, les énormes sacrifices financiers réalisés au profit des Etats balkaniques et même de la Turquie pour les faire entrer dans une coalition contre l'Allemagne? Une entente directe avec celle-ci aurait indubitablement donné de meilleurs résultats.

Le conflit marocain, malgré les arrangements intervenus, aggrava la tension existante entre les deux nations.

Ce conflit apparut visiblement comme une conséquence des réactions de l'Allemagne contre la politique franco-anglaise d'encerclement ; il ne put être aplani parce que, d'une part les contre-mesures allemandes ne furent pas heureuses, justifièrent maintes critiques, et que, d'autre part, la France, loin de désirer une entente franche et durable, s'occupait uniquement de constituer une constellation de puissances hostiles à l'Allemagne, secondée par des personnalités financières soucieuses seulement de pêcher en eau trouble pour leur propre compte.

Cependant, la politique de la France et celle de l'Allemagne auraient pu concorder depuis 1870, en maintes occasions. Le plus enragé des germanophobes ne pouvait méconnaître que les deux pays eussent des intérêts communs. On peut rappeler, comme exemples, le Congrès de Berlin, l'attitude solidaire des deux nations à l'égard des Boers, l'appui moral et matériel qu'ils donnèrent à la Russie en guerre contre le Japon. Les points de contact étaient naturellement nombreux. Ils seraient apparus à l'occasion du conflit austro-russe, qui conduisit à la guerre européenne, si les deux pays n'avaient été radicalement séparés par la revendication française de l'Alsace-Lorraine, et la résolution d'hommes d'Etat ambitieux de recouvrer ces régions à la faveur du premier conflit propice qui pourrait surgir avec l'Allemagne.

Du côté allemand on fit, à maintes reprises, avant 1914, des tentatives souvent, il est vrai, maladroites ou peu heureuses pour faciliter à la France l'oubli de sa défaite de 1870. Le prince de Bismarck favorisa la politique coloniale française et Guillaume II multiplia les attentions aimables envers la nation française et ses plus notoires politiciens. Tous deux se flattaient qu'avec le temps ceux-ci et celle-là reconnaîtraient l'utilité, voire la nécessité, d'une entente durable avec l'Allemagne.

Quelques indices favorables fortifièrent d'abord ces espérances. Il sembla qu'en France le désir de revanche reculât et qu'on ne considérait pas comme impossible un *modus vivendi* avec Berlin. En effet, Paris se rendait compte que les espérances fondées sur l'alliance avec la Russie étaient précaires. Pétersbourg et Berlin n'accusaient pas de divergences politiques graves; les rapports entre les deux cours étaient intimes. Il était malaisé de provoquer entre ces deux Etats, qui, historiquement, ne s'étaient pas trouvés en opposition depuis Frédéric le Grand, une guerre qui aurait pour but principal de permettre à la France de recouvrer l'Alsace-Lorraine.

Mais survint Edouard VII, encercleur de l'Allemagne. Que la politique de ce roi fût offensive ou défensive, il n'importe! Elle servait l'idée française de revanche; aussi trouvat-elle aussitôt en MM. Delcassé, Clemenceau, sir Nicolson et d'autres, de dévoués défenseurs qui, après la mort du roi, s'employèrent à en

tirer un parti plus vaste que ne l'avait prévu
et vraisemblablement, voulu, Edouard VII
lui-même.

Mais comment les relations anglo-alle-
mandes prirent-elles le tour que l'on connaît?

Ces relations furent altérées d'abord par
les mauvais rapports personnels des deux
cours, l'aversion ressentie par l'impératrice
Frédérique contre le prince de Bismarck,
l'antipathie du roi Edouard pour l'empereur
Guillaume, et ensuite par le gigantesque développement économique de l'Allemagne
après 1870.

A qui incombe la responsabilité des dissentiments personnels? C'est une question qui
ressortit à l'histoire [1]. Mais on ne saurait
celer qu'ils ont joué un grand rôle, car, quelque aigus que fussent devenus les antagonismes économiques provoqués par la concur-
rence, souvent déloyale, de l'Allemagne, ces
antagonismes, s'ils avaient été la cause déter-
minante des inimitiés des deux pays, auraient
pu être atténués, comme ils le parurent après
les pourparlers anglo-allemands qui précédèrent la guerre de 1914. Il y avait en vérité suffisamment de place au soleil pour les deux
nations.

1. Voir à ce sujet le livre d'Eckardstein, ancien conseiller
d'ambassade à Londres. *Le benserinnerungen*, 3 vol., 1921.

Nous devons consacrer quelques lignes encore aux initiateurs de la politique d'encerclement de l'Allemagne, premiers artisans de la guerre européenne. Des diplomates peu suspects de germanophilie, et notamment certains d'entre eux qui ont approché de près Edouard VII, seront à même de confirmer mes remarques.

Les fréquentes visites *incognito* de ce roi à Paris, celles que lui rendirent certains politiciens français (Délcassé, Clemenceau) et qui avaient pour objet la mise au point de l'entente contre l'Allemagne attirèrent l'attention européenne. Toutefois, le secret à leur égard fut assez bien gardé car, quoique l'Angleterre et la France fussent des Etats parlementaires, seules quelques personnes, qui devinrent ainsi maîtresses des destinées des deux peuples, furent mises dans la confidence. Ce fut du reste dans les pays dits de régime démocratique, où l'on se flattait le plus d'avoir exclu la guerre du champ des possibilités, que les Parlements furent le mieux joués, et que la politique personnelle put s'exercer avec un minimum de contrôle. Les hommes responsables d'Angleterre et de France mirent ces pays en présence du fait accompli [1].

---

1. Ce fait est illustré par un rapport de l'ambassadeur d'Allemagne à Paris du 11 novembre 1912, cité par le comte

Edouard VII utilisa ses bonnes relations personnelles avec la cour d'Italie pour provoquer (conférence d'Algésiras, convention méditerranéenne) un relâchement de l'alliance italo-allemande.

Le succès de la politique d'encerclement de l'Allemagne fut souligné par la rapidité avec laquelle l'opinion populaire anglaise surmonta son antipathie pour la Russie, son autocratie et sa bureaucratie.

A ces premiers anneaux de la chaîne devaient s'en ajouter rapidement d'autres.

La diplomatie anglaise à Londres travailla aussi, au mépris de la morale et des traditions britanniques, à renouer les relations avec la Serbie, rompues après l'assassinat du roi Alexandre. L'intimité des rapports des cours serbo-italiennes et anglo-italiennes favorisa l'action des diplomates.

Postérieurement à la mort du roi Edouard,

de Montgelas (*loc. citato*, p. 42) et rédigé d'après le témoignage « d'une personne digne de foi ». Le baron de Schoen écrivait : « M. Poincaré aurait exposé tout dernièrement confidentiellement à ses collègues la nécessité, au moment où un conflit armé deviendrait inévitable, de donner aux armées françaises, au moyen d'une marche précipitée à travers nos frontières, une avance et d'assurer ainsi le premier succès moral si important pour le tempérament français. Dans ce but, il faudrait, pour gagner du temps, *passer hardiment par-dessus toutes les préoccupations constitutionnelles et placer le parlement devant un fait accompli*, sans le consulter sur la déclaration de guerre. »

l'alliance avec le Japon fut élargie et une de ses pointes dirigée contre l'Allemagne. Cet élargissement devait permettre à Tokio de déclarer automatiquement la guerre à l'Allemagne en août 1914.

Les efforts du roi Edouard s'étaient exercés aussi dans d'autres directions. Lors de ses séjours à Marienbad et de ses visites à la cour autrichienne, il s'était efforcé de convaincre les sphères politiques de Vienne et l'aristocratie austro-hongroise, qui n'avait pas oublié Sadowa, des inconvénients, pour la monarchie, de son alliance avec l'Allemagne. Il ne cessait de proclamer ses sympathies pour l'Autriche en leur opposant son antipathie pour les dirigeants allemands [1].

L'appui donné par la politique anglaise, au cours de la crise bosniaque [2], à la Serbie, appui plus prononcé même que celui offert à Belgrade par la Russie, doit être attribué au fait que les tentatives du roi Edouard de séparer l'Autriche de l'Allemagne avaient échoué.

---

1. Au cours des déjeuners intimes du roi à Marienbad se tinrent sans doute maints conciliabules dont la connaissance serait précieuse pour l'intelligence du plan d'encerclement de l'Allemagne ourdi par Edouard. Il serait du devoir des sphères dirigeantes autrichiennes de publier les papiers de leurs archives qui s'y réfèrent. M. Milovanovitch qui était aussi un des invités, m'a raconté d'intéressants détails.

2. Voir p. 41, note 3.

Jusqu'à sa mort, Edouard évita tout contact avec l'Allemagne officielle, et il réduisit ses relations de parenté avec la cour de Prusse au strict minimum. Lui si loquace à Paris, il se garda, lors de sa visite officielle à Berlin, qu'il fit seulement pour la première fois en février 1909, de s'engager dans des conversations politiques. Il ne croyait ni à la possibilité d'un accord avec son neveu et avec le gouvernement allemand, ni ne le désirait. Il s'en tint donc inébranlablement, et jusqu'à son dernier soupir, à ses projets d'encerclement, dont il ne lui fut pas donné de contempler le dénouement [1].

Le plus grand auxiliaire d'Edouard VII fut M. Delcassé.

Lors de la première crise marocaine, et après la chute de ce ministre, j'envoyais, comme chargé d'affaires à Paris, à mon gouvernement, un rapport dans lequel j'insistais sur l'allègement ressenti en Europe à la nouvelle de la retraite de M. Delcassé. Au dernier moment, les éléments réfléchis de France avaient enfin compris que cet homme ambitieux avait conduit son pays au bord extrême de l'abîme. Ce fut un bonheur, à cette époque, pour la France de posséder comme chef d'État M. Fallières, homme prudent, pondéré,

---

1. Voir aussi les Mémoires de Guillaume II.

sans ambitions, c'est-à-dire celui-là même qui eût dû présider aux destinées du peuple français en 1914.

M. Vesnitch, ministre de Serbie à Paris, étant de retour d'un congé, me fit des reproches, affirmant ne pas comprendre comment j'avais pu envoyer un rapport semblable ! M. Delcassé, me déclara-t-il, s'était toujours montré un ami de la Serbie et s'était déclaré prêt à donner son appui aux aspirations et aux vœux serbes [1].

Comment M. Delcassé en était-il arrivé tout à coup à manifester tant d'intérêt pour la Serbie, alors que la diplomatie française n'avait, notamment sous le roi Milan, témoigné que de l'indifférence pour ce pays ? On ne pouvait expliquer par aucune raison raisonnable, que M. Delcassé se plaçât uniquement au point de vue serbe, désirât promouvoir les aspirations d'une Grande-Serbie. Cet homme néfaste venait simplement de découvrir dans la Serbie

---

1. Ce fut M. Boguichitch, jurisconsulte bien connu et ancien ministre de la Justice du Monténégro, qui était très lié avec M. Delcassé, qui mit M. Vesnitch, outre ses rapports officiels, en relations personnelles intimes avec le ministre français. Les rapports de M. Vesnitch à son gouvernement montrent jusqu'à l'évidence que ces deux hommes ont échangé pendant des années leurs opinions politiques, ont conjugué leurs aspirations et leurs vœux les plus secrets, tendant les uns et les autres, par des chemins différents, au même but.

un nouvel anneau de la chaîne d'encerclement de l'Allemagne [1].

Et en effet la politique franco-russe travailla, à partir de 1904, systématiquement, à s'assurer, économiquement et politiquement, l'usage de l'instrument serbe.

L'avènement du roi Pierre, ancien élève de Saint-Cyr, ancien combattant, en 1870, dans les rangs français, ancien chef de comitadjis, lors de l'insurrection bosniaque contre l'Autriche, servit de point de départ [2].

M. Poincaré intensifia la nouvelle politique; on dut lui savoir grand gré à Belgrade de s'être montré le protecteur d'aspirations serbes à maints égards justifiées.

Après sa chute, M. Delcassé, alors ministre des Affaires étrangères, rentra dans l'ombre. On le crut, en Allemagne, retiré à jamais de l'arène politique. Or il n'en était rien. Mais je laisserai à de plus qualifiés que moi d'examiner ce que furent par la suite son activité

---

1. A quel point a-t-on flatté dans les cercles politiques et militaires et dans la presse française le roi Pierre et les politiciens serbes! C'est ainsi que M. Delcassé a dit à M. Milovanovitch, suivant les propres déclarations de ce dernier, qu'il l'estimait un des plus grands hommes d'Etat! Et même aujourd'hui à l'occasion de la convention d'alliance serbo-roumaine militaire, le *Temps* du 19 juillet 1921 écrit que le progrès vient de l'est, comme le soleil!

2. Il faut rappeler, à ce sujet, l'envoi en mission spéciale de M. Deschanel à Belgrade, après la crise consécutive à l'annexion.

politique, ses rapports personnels avec le roi Edouard, son influence dans les commissions parlementaires, son œuvre comme ministre de la Marine et son action comme ambassadeur en mission extraordinaire à Saint-Pétersbourg. M. Clemenceau, qui fut généralement le premier en France, grâce à son excellent flair politique, à percevoir les situations périlleuses pour son pays, fustigea de main de maître, on se le rappelle, dans son journal l'*Aurore*, la politique marocaine de M. Delcassé. Sans doute pourrait-il encore conter beaucoup de choses sur son ancien ennemi, mais il ne le fera pas, car, lui aussi, appartient à cette catégorie de politiciens français qui n'ont pas su se soustraire à l'idée fixe de la revanche. Il se sent certainement aujourd'hui solidaire de M. Delcassé, qu'il ne combattit, comme il combattit certains gouvernements français, que parce qu'ils risquaient, par leurs imprudences agressives, de déchaîner une guerre avec l'Allemagne à des moments jugés par lui défavorables. C'est ainsi que, en 1914 encore, lorsque la guerre éclata, il attaqua, dans l'*Homme enchaîné*, le gouvernement français, coupable à ses yeux de s'y être insuffisamment préparé.

Il est regrettable que des hommes politiques remarquables — la France n'en a jamais manqué et elle en possède toujours un plus grand nombre que n'importe quelle autre nation — n'aient pas prévu, aveuglés par la passion et la haine, les conséquences néfastes de cette guerre et à quel prix l'Alsace et Metz devaient être recouvrés.

On doit maintenant consacrer quelques mots à la Belgique.

Le roi Edouard d'Angleterre, le roi George de Grèce et le roi Léopold de Belgique, peuvent être considérés comme ayant été personnellement les plus fidèles admirateurs et amis de la France.

Le comte de Montgelas, dans son dernier ouvrage cité à maintes reprises, a prouvé d'une façon irréfutable que, depuis des décades, le plan de l'Etat-major allemand prévoyait, en cas de guerre avec la France, une offensive rapide à l'ouest, par une marche militaire à travers la Belgique et une attitude de défensive à l'est, si la Russie s'engageait dans le conflit. Ce plan, justement parce qu'il était entièrement indépendant des constellations politiques du moment, rend absolument inexcusable la violation de la neutralité belge, du point de vue du droit international. Mais, si les sphères politiques de l'Allemagne n'ont pas opposé de résistance à l'adoption du plan militaire cela provenait, abstraction faite de leur esprit de discipline innée, de ce que le gouvernement allemand se défiait depuis longtemps de la Belgique ; et en vérité, bien qu'il n'y eût pas de preuves des intentions de Bruxelles de participer à une guerre éventuelle aux côtés de l'Entente, il existait des motifs de soupçonner la possibilité, voire la probabilité, d'une entrée des troupes françaises en Belgique, que Berlin devait se soucier de prévenir [1]. Les documents belges publiés par le gouvernement allemand ont fourni à ce sujet des indices intéressants et l'on est autorisé à se demander si la Belgique aurait agi comme elle l'a fait, c'est-à-dire aurait sollicité l'aide allemande si les Français avaient tenté de passer les premiers à travers son territoire, en prétextant la nécessité de prévenir les Allemands. La Belgique a été de tout temps la terre classique des batailles importantes de l'histoire et, malheureusement, les traités de neutralité n'y ont rien changé.

Que ce pays ait eu avec la France, déjà avant la guerre, des rapports très intimes, c'est ce dont on ne parut pas douter lors de la visite du président de la République française à Bruxelles avant la guerre.

Cette intimité autorisait des confidences exceptionnelles. Ainsi, le roi des Belges ayant rendu une visite à Guillaume II à Berlin, l'am-

---

1. C'est ce que m'a dit en 1918, M. de Jagow lui-même.

bassadeur de France pouvait dès le lendemain communiquer à son gouvernement les termes de l'entretien privé et personnel qu'avaient eu la veille le Kaiser et le roi, et qu'il tenait de la bouche même de ce dernier [1].

Le texte de cette communication, inséré dans le Livre Jaune sur la guerre, fut regardé comme l'une des pièces les plus nettement démonstratives des intentions belliqueuses de l'Allemagne.

Or le document n'a nullement cette signification. De plus, les publications de la Wilhelmstrasse représentent Guillaume II comme un homme impulsif, primesautier, dont les paroles, expression de l'humeur du moment, ne sauraient être considérées comme méditées, réfléchies [2]. En réalité, l'esprit pacifiste du Kaiser ne fut jamais, jusqu'en 1914, mis en doute par ses adversaires les plus acharnés, et le corps diplomatique à Berlin était unanime à voir en lui un des piliers de la paix européenne.

Le langage de Guillaume II témoignait simplement en l'occurrence de préoccupations naturelles en période de crise. Et il était

1. C'est M. Cambon lui-même qui, en 1915, me confia ces détails.

2. Ceci est bien prouvé par les dernières publications de l'Empereur qui contiennent encore bien d'autres incohérences.

aussi compréhensible que le Kaiser s'en
ouvrit alors au roi des Belges dont le rôle
avant 1914 et en cette année tragique doit être
maintenant jugé avec beaucoup de circons-
pection.

VI

LA GUERRE EUROPÉENNE

———

L'ÉTUDE à laquelle nous venons de nous livrer avait pour objet d'aider à la compréhension des événements qui ont précédé la guerre européenne ; nous devons maintenant considérer ceux dont elle est issue.

Il faut à cet effet examiner de nouveau la situation politique de la Serbie, mais postérieurement à 1913.

A la suite des victoires remportées au cours des guerres balkaniques, d'où dérivèrent les succès politiques, la question de savoir à qui en revenait le mérite engendra des dissentiments aigus entre les autorités civiles et les autorités militaires. Le parti radical, qui se croyait tout-puissant, mais qui le plus souvent jusqu'à nos jours eut la chance de pouvoir s'approprier les succès d'autrui, voulut dès cette époque s'imposer à l'armée. Le moment était cependant mal choisi pour cette épreuve de force, car le peuple, dans sa grande majorité, savait parfaitement que les succès de la Serbie étaient attribuables, non à sa dynastie, non à ses gouvernements de partis, non à sa diplomatie, mais à la vaillance du paysan serbe et à la science éprouvée de ses officiers. L'histoire prouvera en effet que ce fut le corps des officiers serbes qui décida de la première guerre balkanique et que la victoire fut uniquement le fruit de la vaillance de l'armée. Au contraire, notre diplomatie, égarée par les termes du traité d'alliance serbo-bulgare et les fautes du gouvernement radical qui négocia avec la Bulgarie, ne fut étrangère ni à la rupture ni à la fratricide guerre qui éclata entre les deux peuples slaves et détermina entre eux une haine mutuelle inextinguible.

La discorde entre civils et militaires tendit la situation à un tel point qu'un bouleversement politique, propre à provoquer la chute du parti radical et celle de la dynastie, semblait en mai 1914 inévitable.

Pour retarder ce conflit, se dérober à ses responsabilités passées et aux responsabilités futures, le roi Pierre se retira en mai 1914; alléguant des raisons de santé, il transmit la régence au prince héritier Alexandre.

Le gouvernement, effrayé, jeta du lest. Il crut neutraliser l'action antigouvernementale

de l'armée en la dirigeant contre l'étranger.
Officiers et komitadschis se prêtaient à cette
tactique. La Turquie ayant été vaincue, ce
fut à l'Autriche qu'ils appliquèrent leurs « méthodes macédoniennes ».

Quiconque a quelque teinture de l'histoire
de la Serbie ne saurait douter que le gouvernement a dû connaître les complots fomen-
tés par officiers, intellectuels, professeurs et
komitadschis, en Bosnie, et celui préparé
contre le couple archiducal autrichien[1]. L'avenir nous révélera bien des détails inconnus des
rapports du gouvernement serbe avec les
organes intérieurs et extérieurs de propagande
et de conspiration.

Sans doute, si la dynastie et le gouvernement avaient eu plus d'autorité morale, ils
auraient pu détourner les officiers d'actes
inconsidérés et utiliser leur patriotisme d'une
manière plus utile et moins dangereuse pour
l'Etat. Mais le sentiment de la précocité de
leur situation les portait aux diversions extérieures ; de plus la réunion des Serbes et des
Slaves d'Autriche ne leur paraissait pouvoir
être atteinte que par les armes et le démem-
brement de la vieille Monarchie. L'occasion
leur parut donc exceptionnellement favorable
en juillet 1914. De là, l'indifférence du gou-

1. Ces détails feront sous peu partie d'une étude spéciale.

vernement touchant l'attitude de l'Autriche après l'assassinat de Serajevo ; la loquacité et les rodomontades de la diplomatie serbe[1]; l'arrogance de la presse[2]. La Serbie avait évidemment reçu l'assurance absolue de Pétersbourg que, cette fois, la Russie n'abandonnerait pas son auxiliaire comme elle l'avait fait en 1909; elle avait aussi acquis la certitude qu'on était résolu à Pétersbourg, où l'on comptait sur le concours de la France et de l'Angleterre, à une guerre contre l'Autriche et l'Allemagne.

Pendant trois semaines entières, le gouvernement serbe, qui s'attendait de jour en jour à recevoir de Vienne une demande de réparation, s'abstint de toute démarche propre à devancer celle du gouvernement autrichien et à démontrer sa bonne volonté. Bien plus, on feignit, vis-à-vis de la population, de ne rien avoir à craindre de l'Autriche. Cette insouciance et cette assurance mensongère firent que les habitants de Belgrade essuyèrent sans l'avoir prévu le bombardement qui suivit immédiatement l'ultimatum. Le chef du gouvernement M. Pachitch partit lui-même en

---

1. Interviews de MM. Vesnitch, à Paris, de Spalaïkovitch, à Saint-Pétersbourg, de Mil. Jovanovitch, à Berlin, de Milan Georgevitch, à Constantinople, etc., etc.

2. Comp. Livre rouge autrichien (édition populaire), p. 48 et suiv., 80 et suiv.

tournée électorale à l'intérieur, comme s'il ne s'était rien produit qui dût altérer les rapports de la Serbie avec la monarchie voisine, et le ministre d'Autriche dut, comme on le sait, remettre l'ultimatum de son gouvernement au ministre des Finances, M. Patchou, remplaçant intérimaire du ministre des Affaires étrangères [1].

Est-il possible d'admettre que le gouvernement serbe eût montré une attitude aussi frivole, s'il n'avait eu en poche l'assurance du concours de la Russie et n'avait été l'exposant de la politique balkanique agressive de Pétersbourg ? Que l'on compare les télégrammes officiels échangés immédiatement avant la déclaration de guerre, entre l'empereur de Russie et le prince héritier de Serbie [2]; on y lira entre les lignes qu'il ne s'agit que du simple rappel d'une affaire convenue depuis longtemps [3].

1. Goos, *loc. cil.*, p. 108, dit en se basant sur les actes officiels que le ministre par intérim des Affaires étrangères, M. Patchou, lors de la remise de la note le 23 juillet à 6 heures du soir, déclara au représentant de l'Autriche qu'il craignait qu'il ne fût matériellement impossible de convoquer à temps, au complet, le conseil des ministres. M. de Giesl répliqua que le retour des ministres, à notre époque de chemins de fer, de télégraphe et de téléphone, et étant donné l'étendue du pays, serait l'affaire de quelques heures.

2. Voir annexes XXII, XXIII, XXIV.

3. Deux lettres de l'empereur de Russie au prince héri-

Pourquoi la Russie a-t-elle procédé, dès février 1914 — c'est un fait notoire — à des mobilisations d'essai[1] ? Pourquoi n'a-t-elle pas démobilisé les troupes rassemblées à titre « d'essai » et pourquoi a-t-elle continué ces concentrations jusqu'au moment où la guerre éclata? Comment le conseil des ministres russe du 21 février 1914, lors de la discussion des mesures à prendre pour forcer les Dardanelles, a-t-il pu envisager comme proche une guerre européenne qui permettrait la réalisation de ce dessein? Pourquoi, en juin 1914, le ministre de la Guerre, M. Suchomlinow, a-t-il, par l'intermédiaire des journaux russes, embouché la trompette de guerre et sommé les Français de s'y préparer ? Un rapport du ministre de Grèce, à Belgrade, daté du 25 juillet, confirme que le conseil des ministres russe avait décidé d'appuyer mi-

tier furent découvertes par les Bulgares, lors de l'occupation de Nisch ; le tsar exhortait la Serbie à obéir aux ordres et aux conseils de la Russie ; à ne pas dissoudre la Narodna Odbrana, société de propagande politique ; à repousser l'ultimatum autrichien, et à compter sur l'aide militaire de Pétersbourg. Citées par Sauerbeck, *loc. cit.*, p. 131.

1. Différents militaires russes, parmi lesquels des médecins, de religion mahométane et d'origine turkestane, faits prisonniers par les Allemands, au mois de septembre 1914, déclarèrent qu'ils avaient été mobilisés dès le mois de février et qu'ils s'étaient mis en route à cette époque à destination des frontières austro-allemandes.

litairement la Serbie. Mais déjà au début de
ce même mois, l'ambassadeur d'Italie à Saint-
Pétersbourg apprenait à son gouvernement
qu'on se livrait en Russie à des préparatifs
militaires de grand style [1].

Mieux encore, le ministre de Serbie à Pétersbourg communiquait le 23 juillet à son
gouvernement, et par dépêche circulaire aux
autres légations serbes, que le gouvernement russe avait décidé la mobilisation de
2.000.000 d'hommes et que l'enthousiasme en
faveur de la guerre était immense en Russie [2].

Pendant les semaines critiques qui précédèrent la déclaration de guerre, je me trouvais
en congé, pour raison de santé, à Carlsbad ;
j'avais été nommé en mai agent diplomatique
et consul général au Caire et j'avais remis, à
ma grande satisfaction, la direction de la légation de Berlin à mon premier secrétaire. Le
25 juillet, j'étais de retour à Berlin ; j'en re-
partais le soir du 27, à destination de Bel-

1. Comp. annexe XX ; Hœninger, *loc. cit.*, p. 58 et suiv. ;
Livre blanc allemand, 1919, p. 152 ; *Birshewija Wjedomosti*
du 31 mai-13 juin 1914 ; *Documents allemands au sujet de
la guerre*, vol. I, n° 34.

2. Se basant sur je ne sais quelles informations, le chef
de l'état-major italien déclarait au ministre de Bulgarie à
Rome, au mois de février 1914, qu'il considérait comme
certaine cette année même une guerre entre l'Autriche et
la Russie. Voir Livre rouge bulgare. Vol. I, 1921. Rapport
n° 161 du 23 février 1914.

grade, mais en passant par la Russie, car je ne pouvais plus traverser l'Autriche.

Je parlai au chargé d'affaires de Russie, M. Broniewski, du télégramme de M. Spalaïkowitch, dont j'avais pris connaissance à la légation et je lui exprimai la crainte que, par de telles nouvelles, émanant de Saint-Pétersbourg, on n'encourageât les éléments belliqueux serbes ; mon collègue abonda dans mon sens. Je ne saurais dire toutefois s'il était sincère.

Le 28 juillet, à midi, j'arrivai à Varsovie en compagnie de quelques officiers serbes. Jusqu'à la frontière russe, nous ne remarquâmes rien d'anormal. Mais, au delà de cette frontière, nous vîmes les signes se multiplier d'une mobilisation de grande envergure (accumulation de wagons de marchandises aux différentes stations, occupation militaire des gares, agglomérations de troupes dans les différentes villes, transports militaires nocturnes, feux de mobilisation). Lorsque nous arrivâmes, le soir du 28 juillet, à Brest-Litowsk, l'état de siège y était déjà proclamé. Le 29, l'ordre de mobilisation générale était publiquement affiché à Kichinjew où les officiers russes fraternisaient avec nos officiers.

Tout donnait l'impression d'une grande préparation offensive de l'armée russe.

Si Pétersbourg n'avait pas incliné à la

guerre, on eût aisément trouvé une formule
satisfaisante pour l'Autriche et respectueuse
de l'existence de la Serbie. On avait pu obtenir de celle-ci la reconnaissance de l'annexion
de la Bosnie, ce qui fut pour elle la plus
amère des épreuves ; on avait pu heureusement louvoyer parmi les écueils et les périls
des guerres balkaniques et les différends sur-
gis de la question albanaise ; si la guerre ne
put être évitée à aucun prix en 1914, c'est que
Pétersbourg, jugeant la situation internationale et militaire favorable, se refusa à en différer le déchaînement.

Et si la Russie fit quelques propositions
insidieuses, celle, par exemple, du transfert
du litige austro-serbe devant la Cour de La
Haye, ce fut uniquement en vue de gagner
quelques jours pour développer ses opérations de mobilisation en cours.

On prétend encore souvent que l'Angleterre
fût restée simple spectatrice si la neutralité de la Belgique n'avait pas été violée
par l'Allemagne. Or, j'avais appris, dès le
26 juillet, de la bouche même de M. Jules
Cambon, ambassadeur de France à Berlin, —
et M. Cambon le tenait évidemment lui-même,
soit de son gouvernement, soit de son frère,
ambassadeur de France à Londres — *que sir
Edward Grey avait déjà déclaré*, avant la
publication de l'ultimatum autrichien, *au*

prince Lichnowski, que l'Angleterre, dans le cas où éclaterait au sujet de la Serbie un conflit entre la Russie et la France d'une part, l'Allemagne et l'Autriche de l'autre, ne pourrait s'en désintéresser; en d'autres termes elle se placerait au côté de la Russie et de la France [1].

Ainsi, sir Edward Grey encouragea directement la Russie et la France à la guerre tout en se donnant l'air de vouloir dissuader l'Allemagne de s'y engager.

Si le ministre anglais, admettant théoriquement le désir de l'Allemagne de maintenir la paix, comme elle s'y était efforcée, du propre aveu de Grey, pendant les guerres balkaniques, s'était contenté de déclarer à la Russie et à la France, même sans en faire part à Berlin, que l'Angleterre resterait neutre dans le conflit considéré, il eût sauvé la paix européenne. Cette hypothèse suppose évidemment que la Grande-Bretagne n'eût pas eu déjà les mains liées, de sorte que tout recul était impossible [2].

1. Ces paroles de M. Jules Cambon ont été confirmées par M. Caro, alors correspondant du *Matin*, à Berlin, qui les communiqua à M. Gustave Siösteen, correspondant suédois. Comp. Höniger. *loc. cit.*, p. 99.

2. Sir Edward Grey dit à l'ambassadeur d'Autriche, comte Mensdorff. qu'on lui suggérait deux attitudes : se placer sans réserve du côté de la Russie et de la France, ce qui pourrait empêcher la guerre, ou déclarer qu'en aucun

Londres laissa ostensiblement échapper l'occasion de maintenir la paix, en se liant trop tôt et avec ceux-là mêmes qui depuis des années préparaient la guerre.

Le mémoire autrichien du 5 juillet 1914, qui fut rédigé avant l'attentat, montre pleinement la situation politique difficile de l'Autriche. Il en ressort que sa patience à l'égard de la Serbie était épuisée [1]. L'assassinat du couple héritier venait donc à point lui fournir un prétexte favorable de régler une fois pour toutes ses comptes avec la Serbie; bien des guerres ont été livrées pour des raisons moindres.

L'ultimatum de l'Autriche à la Serbie ne peut s'expliquer qu'en se plaçant à ce point de vue. C'est avec raison que sir Edward Grey le tenait pour « the most formidable document » qui eût jamais été adressé à un Etat par un autre Etat. Ni une déclaration de guerre non précédée d'un ultimatum, ni même l'ouverture immédiate des hostilités sans déclaration de guerre préalable, n'eussent causé une impression plus défavorable pour l'Autriche.

cas l'Angleterre ne participerait à une guerre où se seraient engagées la France et la Russie. Mais, ajouta-t-il, cette dernière déclaration ne préviendrait pas, à son avis, la guerre. Comp. Goos, p. 279.

1. Comparer l'intéressant rapport du ministre de Bulgarie à Bucarest dans le Livre Rouge bulgare, I, 1re partie, no 166, du 6 avril 1914.

Si, réellement, sir Edward Grey ne penchait pas au début du conflit, en faveur d'une guerre européenne et d'une guerre de l'Angleterre contre l'Allemagne, il faudrait conclure de sa conduite qu'il a été joué, soit par la diplomatie franco-russe, soit par la diplomatie russe seule, soit plutôt et surtout, par la diplomatie française [1].

Préoccupé seulement de fixer les responsabilités des parties, je dois, quelque pénible que cela soit pour moi, et quelque regret que j'aie qu'il en ait été ainsi, je dois déclarer, dans l'intérêt de la vérité historique, que les accusations formulées par la note austro-hongroise, à quelques exceptions près, étaient fondées.

Le rapport adressé de Sarajevo par M. Wiesner, délégué du ministre autrichien des Affaires étrangères, à Vienne, sur lequel les membres américains de la Commission de

---

1. Il y eut, il est vrai, du côté anglais, pendant la crise, certaines fluctuations qui ont été enregistrées avec inquiétude du côté russe, et dont témoigne, par exemple, le rapport adressé de Londres par l'ambassadeur russe, comte Benkendorf, le 26 juillet. Mais, à partir du 27, tous les doutes s'étant évanouis à Pétersbourg, le gouvernement russe agit avec une entière assurance. On constate du reste, en lisant les documents officiels russes, publiés par le gouvernement des Soviets, que M. Sasonov était certain du concours de l'Angleterre avant que n'importe qui pût se douter de la violation de la neutralité de la Belgique par l'Allemagne.

recherche des responsabilités de la guerre se sont, à Versailles, complaisamment étendus, n'atténue pas mes assertions. Ces Américains ont cru découvrir dans ce rapport la preuve que le gouvernement serbe n'avait pris aucune part à la perpétration de l'attentat. Toutefois, ledit rapport mentionne simplement que l'on n'a pas relevé sur le lieu du crime la trace d'une complicité gouvernementale directe. Or, personne n'avait porté contre Belgrade une accusation de cette nature. Et le rapport ne pouvait relever les griefs réels de l'Autriche, visant l'agitation poursuivie pendant des années par le gouvernement serbe contre la monarchie autrichienne, les relations occultes de ce gouvernement avec les comploteurs, l'aide matérielle donnée aux complots. Ce ne fut pas, répétons-le, le *gouvernement* serbe qui leva le couteau, mais ce fut la propagande en faveur d'une Grande-Serbie, appuyée par le gouvernement, dirigée par des fonctionnaires et des officiers en activité, qui arma les meurtriers.

L'assassinat du couple héritier d'Autriche plaça l'Allemagne subitement devant un conflit qui devait provoquer cette conflagration universelle qu'on avait tout intérêt, à Berlin, à empêcher.

C'est sans enthousiasme que l'Allemagne avait dû, en raison de son alliance, intervenir

dans les Balkans, où l'Autriche la plaça
maintes fois devant de graves faits accomplis
(annexion de la Bosnie, mission du prince
Hohenlohe à Saint-Pétersbourg, démêlés avec
la Roumanie, ultimatum à la Serbie) ; c'est sans
empressement que, poussée en avant par
l'Autriche, elle accomplit des démarches propres à détourner sur elle la haine et la rancune
d'autrui (intervention à Pétersbourg après
l'annexion de la Bosnie, intervention dans
l'affaire de Scutari). Le gouvernement allemand était résolu, cette fois, à laisser l'Autriche à elle-même ; il s'agissait du reste dans
l'espèce, d'un conflit ne regardant que la Monarchie et la Serbie.

Berlin n'accorderait à Vienne que son appui moral et diplomatique, se désintéresse-
rait, aussi longtemps que le conflit resterait
localisé, des succès ou des échecs qu'encour-
rait son alliée. Telles étaient ses résolutions.

Le crime était énorme, justifiait une demande de réparations et de sanctions qu'il paraissait impossible d'obtenir autrement que
par la contrainte [1].

Sans doute l'idée d'une expédition de coer-

1. Les documents allemands et les remarques marginales
du Kaiser témoignent de cette croyance à Berlin et aussi du
fait que l'on ne croyait pas que le conflit austro-serbe pourrait provoquer une guerre européenne et surtout l'immixtion de l'Angleterre.

cition et de châtiment fut regrettable; elle se conciliait mal avec toutes les conceptions du rôle des Etats modernes, et de leurs rapports mutuels. L'ultimatum de l'Autriche mit ce pays en mauvaise posture devant l'opinion publique du monde entier. On crut en Allemagne, à tort certes, qu'une procédure militaire de punition était le seul moyen de localiser le conflit [1]. Afin d'en atténuer la portée, d'en faciliter l'issue, Berlin recommanda à la Serbie de n'offrir qu'une apparence de résistance à l'occupation de Belgrade, de manière à déterminer Vienne à se montrer modérée dans ses exigences. C'est dans ce sens que me parla M. Zimmermann avant mon départ de Berlin [2].

L'Allemagne, par ses pressantes représentations à Vienne, décida l'Autriche, dans l'hypothèse où l'expédition militaire serait inévitable, à déclarer aux puissances de l'Entente,

---

1. La proposition allemande de localisation était au fond le pendant de la proposition française de désintéressement faite en octobre 1912, à l'occasion de la première guerre balkanique.

2. Comparez Livre gris belge, II (1915). La littérature française de guerre a taxé ces conseils de prétentions sans précédents. M. Pierre Bertrand, par exemple, dans *l'Autriche a voulu la grande guerre*, méconnaît la conception d'alors du gouvernement allemand ; les paroles de M. Zimmermann, prononcées sur un ton très amical, témoignaient du désir de faire l'impossible, même au dernier moment, pour détourner le péril.

et particulièrement à la Russie, qu'elle respecterait, quelle que fût l'issue du conflit, l'intégrité territoriale de la Serbie [1]. Au cas seulement, fit-elle savoir, où une troisième puissance s'immiscerait dans la querelle, conformément aux obligations de son traité d'alliance, elle se considérerait obligée d'intervenir. C'est ainsi qu'on se représentait les choses en Allemagne peu de jours encore avant la déclaration de guerre.

Les puissances de l'Entente, et avant tout la Russie, au lieu de chercher sur cette base une formule de satisfaction acceptable pour la Serbie et de tout tenter pour détourner l'Autriche d'une intervention militaire, se placèrent aussitôt entièrement et pleinement derrière Belgrade et déclarèrent, comme s'il en était question, qu'elles ne toléreraient en aucun cas l'écrasement de la Serbie. Elles prétendirent même considérer déjà comme un *casus belli* la déclaration de guerre de l'Autriche au royaume serbe.

1. On a un peu partout cru que le comte Tisza, premier ministre de Hongrie, joua un rôle d'excitateur contre la Serbie. Combien on fut injuste en cette occurrence ! Comme le démontrent les plus récentes publications officielles autrichiennes, non seulement le comte Tisza se déclara l'adversaire résolu de toute annexion de territoire serbe, mais il soutint la nécessité d'éviter toute brusquerie, de se « conduire en gentleman ». Voir *Livre rouge autrichien* (1919), et Goos, *loc. cit.*, p. 49, 52 et suivantes.

A la dernière minute seulement, lorsqu'on vit que le conflit armé entre l'Autriche et la Serbie était devenu inévitable, on envisagea, sur l'initiative anglaise, une conférence de puissances que l'Allemagne et l'Autriche n'acceptèrent pas. Il était déjà trop tard et l'on avait causé trop longtemps sans pouvoir s'entendre sur le fond des choses. L'Autriche estimait avoir fait de décevantes expériences à la conférence des ambassadeurs tenue à Londres en 1912; elle s'était refusée, à l'occasion de l'annexion de la Bosnie, pour ne pas offrir alors déjà à la Serbie la possibilité de se retrancher derrière ses protecteurs, de chercher des échappatoires, de gagner du temps, d'accepter finalement non les exigences de l'Autriche-Hongrie, mais celles de ses protecteurs, à soumettre l'affaire à une conférence. De plus, Vienne estimait que ce fut un compte à régler directement et que ses griefs contre la Serbie ne ressortissaient pas à la compétence d'une conférence internationale politique des grandes puissances ou à celle d'une cour d'arbitrage.

Ceux qui ont étudié comme nous, et suivant le même plan, ces pages d'histoire, pourront ne pas adopter nos conclusions, mais ils ne sauraient méconnaître combien vains et dérisoires étaient ces projets de conférence ou d'arbitrage au moment où le conflit austroserbo-russe atteignait au maximum d'acuité.

Du refus de l'Allemagne de participer à la conférence proposée, il serait téméraire de conclure à des intentions agressives. On peut seulement regretter, à tort ou à raison, qu'elle n'ait pas accepté ce pis aller qui aurait démontré sa résolution d'épuiser tous les moyens pour écarter la guerre.

On a prétendu, il est vrai, du côté français, et M. Jules Cambon me l'a dit à moi-même en 1915, en me faisant remarquer que la chose n'était connue alors que de très peu de personnes, que le gouvernement allemand ne parviendrait jamais à expliquer pourquoi, dans les derniers jours et les dernières heures qui précédèrent la guerre, il s'était opposé à un échange direct de vues entre Vienne et Pétersbourg auquel l'Autriche se déclarait, *in extremis*, disposée.

Les récentes publications allemandes ont suffisamment prouvé le néant de cette affirmation. Les télégrammes du chancelier de l'empire à l'ambassadeur d'Allemagne à Vienne du 30 juillet soir ne laissent aucun doute à ce sujet. Jusqu'au dernier moment l'Allemagne a insisté en faveur d'explications directes avec Saint-Pétersbourg [1].

---

1. *Documents allemands concernant la déclaration de guerre*, II, nᵒˢ 395 et 396. « Tout en étant prêts à accomplir les obligations du traité, nous devons nous refuser à nous

Ce ne fut qu'au dernier moment, lorsqu'il eut acquis la certitude que la Russie mobilisait et concentrait ses troupes aussi contre l'Allemagne, ce qui a été clairement établi depuis, que Berlin se décida à adresser un ultimatum à Saint-Pétersbourg.

Quand l'histoire aura établi que la paix fut, en 1914, rompue, en premier lieu, par la Russie, comment les gouvernements de la France et de l'Angleterre pourront-ils se disculper de ne pas avoir discerné à temps où était le danger ? L'unique moyen qu'ils eussent eu de le prévenir était de faire collectivement pression, l'Angleterre en tête, sur la Russie, afin de la déterminer à démobiliser [1].

Si, dans ces conjonctures, Pétersbourg démobilisant, l'Allemagne et l'Autriche avaient armé contre la Russie, l'Angleterre et la France auraient alors pu en toute équité déclarer qu'elles n'assisteraient pas en spectatrices à une attaque de l'Empire russe, pas plus qu'elles n'admettraient que, sous le couvert

laisser entraîner à la légère par Vienne et sans qu'on y tienne compte de nos conseils dans le cas d'une conflagration mondiale. Vienne semble aussi méconnaître nos avis dans la question italienne. »

[1]. Abstraction faite de l'opinion personnelle émise par l'ambassadeur d'Angleterre à Saint-Pétersbourg, touchant le danger d'une mobilisation russe, on n'a aucune connaissance d'un avertissement officiel du gouvernement anglais à M. Sasonov sur le sujet.

de réparations légitimes et admises par
elles, l'intégrité territoriale de la Serbie fût
violée.

Pendant mon dernier séjour à Berlin, les 26
et 27 juillet 1914, j'eus l'impression que, dans
les sphères gouvernementales allemandes, on
envisageait la situation avec plus de pessi-
misme qu'on ne l'avait fait lors des crises
précédentes ; on m'y parut enfin convaincu
de la mauvaise foi de la Russie, et défiant.
Sous l'empire de ces sentiments on adopta
ces deux règles de conduite :

1° Dès son retour de sa croisière dans la
mer du Nord, l'Empereur s'adresserait personnellement au Tsar, lui déclarerait qu'il
avait connaissance de la mobilisation secrète
russe ; considérant celle-ci comme une grave
menace contre la paix, il prierait instamment
Nicolas II d'en rapporter l'ordre.

2° Si le Tsar passait outre à cette pressante invitation, le Gouvernement allemand
en tirerait les conséquences et agirait suivant sa représentation des intérêts de l'Empire.

Sachant cela, je tins pour extrêmement
important d'en avertir l'ambassadeur de
France.

Je lui représentai sans détour que le Gouvernement allemand, dès qu'il aurait la conviction que la guerre était inévitable, étonne-

rait le monde entier par la rapidité de ses décisions [1]. Il n'hésiterait pas, en cas de nécessité, à déclarer la guerre à la France. Il fallait donc agir rapidement si l'on voulait prévenir la catastrophe. J'allai même plus loin ; je déclarai que, à mon avis, la guerre étant devenue inévitable par le fait de la Russie, l'Allemagne attaquerait la France, ce que je priai l'ambassadeur de rapporter à Paris afin que, à la dernière heure, on retînt encore, s'il était possible, Pétersbourg !

Que me répondit le représentant du gouvernement français ?

M. Cambon, qui autrefois, à l'occasion d'événements d'une bien moindre importance, par exemple à propos, en 1913, de l'affaire de Scutari, s'était montré très ému, accueillit fort calmement ma communication, et se borna à dire : « Si l'Allemagne laisse aller les choses jusqu'à la guerre, elle trouvera aussi l'Angleterre contre elle ; la flotte anglaise bloquera les ports allemands et pénétrera en trois semaines dans le port de Hambourg. Les militaires français prétendent qu'ils

---

1. On doit interpréter dans le même sens deux télégrammes de l'ambassadeur d'Autriche à Berlin, cités par M. Vesnitch, ministre de Serbie à Paris, dans le *Journal des Débats* du 13 mars 1919. Le but de cette publication était alors du reste apparent. On visait à exciter l'Autriche contre l'Allemagne et à la détourner de demander son rattachement à l'Empire allemand.

battront l'Allemagne sec (à plates coutures) [1]. »

Lorsque je pris congé de M. Cambon, ses dernières paroles furent : « Bonne chance ! » [2].

Pas un mot, cette fois, d'avertissement amical à la Serbie, ou un conseil de modération ; pas une allusion à l'utilité ou à la nécessité de démarches et de conseils de la France à Saint-Pétersbourg. M. Jules Cambon me donna l'impression d'un homme qui avait déjà pris son parti de l'inévitabilité de la catastrophe. Je le quittai, avec cette conviction que la guerre, si elle n'avait pas été décidée auparavant, l'avait été certainement à l'occasion de la rencontre de M. Poincaré avec l'empereur de Russie à Saint-Pétersbourg [3].

[1]. M. Cambon a employé cette expression — malgré les doutes grammaticaux de Charles Appuhn et Pierre Renouvin dans l'Introduction aux Tableaux d'Histoire de Guillaume II, page LXXVI.

[2]. A ce propos, je dois constater que j'ai exposé à Berlin, à plusieurs reprises, à M. Cambon qui ne savait pas l'allemand, et qui, en outre, peu au courant de l'état des choses en Allemagne, en était réduit à se faire renseigner sur la situation par d'autres personnes qui, par conséquent, lui traduisaient les articles des journaux, les opinions politiques des différents milieux allemands. Je le mis en garde contre les exagérations courantes sur l'influence des pangermanistes. Je l'engageai, d'autre part, à ne pas sous-estimer la force réelle, militaire, financière et économique de l'Allemagne. Les événements prouvèrent que M. Cambon s'était fait, sur ce dernier point, de grosses illusions.

[3]. Voir à ce sujet les explications vraiment naïves et si innocentes de M. Paléologue dans la *Revue des Deux-Mondes*. t. LXI (1921), numéro du 15 janvier et les numéros suivants

Je ne comprends pas comment on a pu, en France, prétendre avoir été pris absolument à l'improviste par la déclaration de guerre de l'Allemagne. On était, en réalité, exactement renseigné sur les conséquences fatales, et désirées, de la conduite adoptée envers Berlin.

Quant à la Serbie on est dès à présent fixé sur les détails de l'assassinat de l'archiduc François-Ferdinand. Chaque enfant en Serbie sait que c'est le colonel Dragoutine Dimitriévitch, chef du bureau d'informations de l'État-major, qui a préparé de longue date et fait assassiner l'archiduc. Il était depuis des années l'âme de la propagande nationale serbe à l'étranger. A lui incombe au point de vue serbe le mérite, d'avoir poussé les politiciens à la première guerre balkanique de 1912. L'histoire qui s'occupera de la création de la nouvelle et grande Serbie constatera, que c'est lui qui a semé le germe et que d'autres ont récolté les fruits.

CONCLUSIONS

Beaucoup de choses restent à dire sur les événements qui ont précédé la guerre. Ma thèse sera peut-être çà et là corrigée par l'histoire. Mais nous doutons que tout juge impartial puisse en contester les données fondamentales, résumables aisément.

Le désir de revanche de la France la conduisit à s'unir, d'abord à la Russie, puis à travailler à la constitution d'une constellation de puissances qui devait permettre à Pétersbourg de méditer de longue date une guerre contre l'Allemagne et l'Autriche. L'annexion par Vienne de la Bosnie détermina la Russie à passer du rêve à l'action. Elle trouva à point pour ces fins, dans la Serbie, le plus souple des instruments. L'Angleterre, — que ses répugnances à se laisser prendre dans l'engrenage balkanique fussent réelles ou affectées, — s'engagea dans une série d'accords et d'obligations inextricables.

Dans l'autre groupe, l'Autriche pratiquait une dangereusement fausse politique des nationalités ; la Hongrie se distinguait par son nationalisme intransigeant. L'Allemagne commettait des fautes diplomatiques, témoignait d'une psychologie erronée à l'égard des autres peuples et surtout de la France, s'illusionnait sur ses forces, cependant que Guillaume II, se laissant aller à des harangues et à des discours regrettables, incitait l'Europe à lui supposer des intentions belliqueuses.

Tel était l'état de l'Europe en 1914.

Cependant pour mieux comprendre les origines et établir les responsabilités de la guerre, il est indispensable de rechercher les causes lointaines et de se poser aussi les questions suivantes :

Qui était, en Europe, saturé nationalement de territoires et hostile à tout changement ?

Qui avait le plus grand intérêt au maintien de la paix ?

Qui possédait une forme de gouvernement offrant le plus de garanties pour le maintien de la paix ?

Le fait de déclarer le premier la guerre n'est pas une preuve de culpabilité. Le fait de s'y préparer, quand elle paraît probable, n'est qu'un signe de prévoyance. Les événements politiques qui ont précédé immédiatement la guerre n'ont donc qu'une importance secondaire. Ce qu'il importe, c'est *de discerner entre les causes profondes et les causes occasionnelles (prétexte, motif, instigation). Ceux-là seuls peuvent contribuer à l'explication de la catastrophe* de 1914, qui en ont étudié les raisons lointaines et ont l'honnêteté de les faire connaître.

On doit aussi ne pas confondre l'histoire des origines de la guerre et celle de sa conduite, et ne pas se laisser influencer par ses sentiments de sympathie ou d'antipathie plus ou moins raisonnés à l'égard de tel ou tel peuple.

La guerre européenne, si incroyable que cela paraisse à première vue, est née, comme on croit l'avoir montré, d'intrigues et d'antipathies, rappelant les mœurs du moyen âge de quelques hommes d'Etat ambitieux[1].

1. M. Poincaré, dans son ouvrage, p. 67, se borne à dire d'un air railleur et dans une phrase d'avocat bien tournée au sujet de toute cette question : « Il y a, paraît-il, des esprits délicats auxquels ne suffit pas l'évidence de crimes commis en 1914 par les Empires du centre et qui se plaisent à rechercher, tantôt dans des archives incomplètes, tantôt dans des collections de journaux, tantôt et le plus souvent dans les créations de leur fantaisie, ce qu'ils appellent volontiers les responsabilités lointaines de la guerre. » Et comme preuve indubitable aussi de la responsabilité lointaine de l'Allemagne, M. Poincaré continue : « Qu'ils daignent se rappeler le congrès qui s'est ouvert à la Haye le 18 mai 1899; qu'ils songent aux longs et vains efforts qu'ont

Les noms de ces hommes resteront gravés dans l'histoire en lettres ineffaçables.

Ils seront odieux à la postérité, non parce que, durant des années ils travaillèrent systématiquement, après tant d'autres, à provoquer la guerre; non parce que, ce qui était leur droit, ils s'efforcèrent sans cesse de créer un nouvel état de choses en Europe; non parce que, la force primant le droit, ils réalisèrent leurs desseins par la force. L'histoire absoudrait cela! Elle ne pardonnera ni leur inconscience des conséquences terribles de leur politique, ni ce défaut de courage qui les porte à nier leurs desseins, après avoir choisi eux-mêmes l'heure de l'exécution.

La crainte des effets de leurs erreurs prévisionnelles les a forcés à mettre tout en œuvre pour se justifier devant leurs peuples; ils ont cru le faire en rejetant sur l'ennemi tout le poids des responsabilités.

Pour auréoler leur cause, ils construisirent les plus sottes et les plus hypocrites argumentations sur l'impérialisme, sur la liberté

faits en commun les délégués russes et mon illustre ami M. Léon Bourgeois pour arrêter, dans la mesure du possible, la frénésie des armements ; qu'ils se souviennent de l'invincible résistance de l'Allemagne et qu'après cela ils amnistient encore, s'ils l'osent, l'empereur Guillaume II et condamnent, s'ils le peuvent, l'infortuné Nicolas II ! » Et voilà tout ! Que M. Poincaré daigne lire les premiers chapitres de mon ouvrage se rapportant à la Russie.

et l'égalité des petites nations, et les « droits »
de l'humanité en général. Ainsi l'ancien président de la République, M. Poincaré, dans
son livre sur *les Origines de la Guerre* ose
affirmer, parlant de la Bosnie et de l'Alsace-
Lorraine (p. 106) : « Qu'il y avait à l'est et à
l'ouest de l'Europe deux grandes injustices,
deux atteintes visibles à la conscience hu-
maine, deux scandales continus qui viciaient
l'organisation continentale et faussaient les
supports de la paix. » Ces « deux grandes injustices » devaient donc être rectifiées par la
guerre ? Non. De même, contradictoirement,
il s'écrie: « Je ne connais pas un seul ministre
français, je ne connais pas un seul président
de la République qui ait jamais prononcé le
mot de revanche, je n'en connais pas un qui
ait nourri publiquement ou en secret l'idée
d'un conflit armé[1] » (p. 29).

1. Il faut citer ici aussi les lignes suivantes de la même
page (p. 29) : « Nous savions trop bien ce qu'une guerre coû-
terait à la France et à l'humanité. Que dis-je ? Le jour où,
par suite de l'agression allemande, l'Alsace et la Lorraine
nous ont été rendues, l'enivrement même de la joie ne nous
a pas un instant, fait perdre de vue les responsabilités res-
pectives, et, au nom de la France victorieuse, nous avons
dit très haut à nos compatriotes retrouvés que jamais nous
n'aurions pris l'initiative d'une guerre pour leur apporter
la délivrance. »

Et plus bas : « Tous nos gouvernements, les uns après
les autres, conservateurs, républicains modérés ou radicaux,
ont cherché à entretenir avec l'Allemagne des relations, je
ne dis pas simplement correctes, je ne dis pas seulement

Comment expliquer qu'aucun pays de l'Entente, et notamment le Gouvernement français, n'ait jamais voulu répondre ou faire d'objections quelconques aux propositions de différents pays neutres et même de l'Allemagne, de soumettre la question des responsabilités de la guerre à une commission neutre en lui donnant la possibilité de faire une enquête et d'étudier à ce sujet les dossiers officiels en ouvrant les archives des Etats belligérants?

Cette question n'est-elle pas de la compétence de la « Cour d'Arbitrage » de la seconde convention de la Haye? Ne serait-elle pas encore davantage de celle de la Société des Nations, si cette société n'était en réalité qu'un groupement des Etats de l'Entente auxquels ont dû se joindre les neutres?

Les sacrifices faits en vue de cette guerre, puis pour sa conduite ne correspondent nullement aux résultats obtenus dont le plus clair apparaît sous les traits d'une Europe financièrement ruinée et politiquement balkanisée, et vulcanisée. De là la rage et les déceptions de ses instigateurs.

polies, mais, si possible, aimables ; ils ont tâché de s'accorder avec elle sur les questions économiques et coloniales, etc. » On devrait ajouter : pour ajourner le différend au moment le plus propice.

Pourquoi tant de phrases?

L'histoire officielle de la guerre, rédigée par ses auteurs et leurs complices, doit être considérée comme la plus grande hypocrisie et le plus grand bluff dont le monde ait été le témoin, et comme le plus grand outrage à l'histoire elle-même !

Comme la vérité au sujet de la question des vraies responsabilités est en marche malgré tous les obstacles et comme elle est pour ainsi dire internationalisée, il serait maintenant de la plus grande importance de réunir dans une conférence toutes les personnalités, quelle que soit leur nationalité, qui se sont efforcées, en des conditions bien difficiles, d'élucider cette question et qui par là ont assumé une tâche bien ingrate. Il serait également aisé d'organiser le travail et d'établir ainsi un contact entre tous ceux qui recherchent la vérité. Le besoin d'une revue internationale se fait aussi sentir.

I. — *Opinion de la diplomatie russe sur l'annexion de la Bosnie et de l'Herzégovine.*

Entretien du ministre de Serbie M. Vesnitch avec M. Iswolski. M. Vesnitch écrit de Paris le 22 septembre/5 octobre 1908 :

Je reprends mon rapport à mon retour de chez M. Iswolski, à qui j'ai rendu visite dans l'après-midi et avec lequel je me suis entretenu une demi-heure. M. Nelidow et M. Louis l'avaient déjà informé de notre excitation, de sorte qu'il ouvrit immédiatement la conversation en m'assurant que la Serbie et le peuple serbe non seulement ne perdaient rien à cet acte du gouvernement austro-hongrois, mais qu'effectivement ils y gagnaient. « Vous autres Serbes, me dit-il, ne pouviez certainement pas songer à refouler l'Autriche-Hongrie de la Bosnie et de l'Herzégovine par la force des armes ! Et, d'autre part, *nous autres Russes ne pouvions pas faire la guerre contre l'Autriche à cause de ces provinces. (Il va de soi que je ne puis avouer que nous sommes ac-*

tuellement incapables de le faire et, cependant, c'est
là la raison principale.) Par cet acte, l'Autriche-
Hongrie ne gagne en réalité absolument rien ; au
contraire, *elle perd une acquisition sûre en renonçant
à ses droits sur le Sandschak de Novibazar*, et en
s'en retirant, ce qui est propre à relever le moral du
peuple serbe, en lui ouvrant l'espoir d'un rapprochement des frontières entre la Serbie et le Monténégro. L'Autriche exprimera cette renonciation sur
notre demande, ce dont M. Milovanovitch a déjà
connaissance, ainsi qu'il appert de notre entretien à
Carlsbad, où *il était lui-même d'avis que l'annexion
de la Bosnie et de l'Herzégovine, vu cette renonciation, était admissible pour la Serbie.* J'avais prévu
cet acte de l'Autriche-Hongrie et il ne m'a pas étonné.
C'est pourquoi j'ai fait dépendre notre approbation
de la condition exprimée ci-dessus. L'annexion sera
proclamée simultanément avec la renonciation sur
le Sandschak de Novibazar, puis suivra la revision ou
la transformation du traité de Berlin que nous exi-
geons ; à cette occasion, la Serbie pourra également
exprimer ses vœux au sujet d'une rectification de
ses frontières. J'ai déclaré cet hiver à la Douma
que je suis optimiste et que je continue à l'être. Cet
hiver, je n'ai pas protesté à propos de la sortie de
M. Æhrenthal au sujet de la ligne ferrée du Sandschak, mais au contraire j'ai soutenu immédiatement
la proposition d'une ligne adriatique. *Et actuellement, je crois qu'il serait plus avantageux d'obtenir l'évacuation du Sandschak en faveur de la Serbie que de se contenter de protester. En 1878
l'Autriche, avec ses alliés à Berlin, a conduit la Russie au banc des accusés ; actuellement, c'est nous*

qui y conduirons l'Autriche. M. von Schœn, qui fut le premier auquel je fis part de l'intention de l'Autriche de sacrifier le Sandschak à son but annexioniste, fut excessivement surpris d'un acte aussi irréfléchi de la politique viennoise. L'unique but à Vienne, c'est de préparer une satisfaction au vieil empereur au déclin de son règne... *La Russie a soutenu la Serbie jusqu'à présent et continuera dorénavant à la soutenir par tous les moyens et partout où elle le pourra.* Seulement vous ne devez pas tarder à vous entendre avec le Monténégro. Le désaccord scandaleux entre Belgrade et Cetinje doit disparaître au plus vite. C'est ce que nous avons recommandé d'une façon pressante au prince Nicolas alors qu'il était à Saint-Pétersbourg. *Et, en outre, vous devez vous mettre d'accord avec la Bulgarie, ce en quoi nous vous soutiendrons aussi sincèrement. Nous ne désirons plus une Grande-Bulgarie. Une semblable idée est considérée actuellement chez nous comme une erreur*[1]. La Bulgarie aura par ailleurs l'occasion de subir les conséquences de ce qu'elle n'a pas tenu compte de nos vœux. Entre autres modifications que nous exigerons lors de la révision du traité de Berlin, figurera aussi la modification de l'article 29. Encore une chose : *Je ne comprends pas votre excitation. De fait vous ne perdez pas du tout; au contraire, vous gagnez: notre appui.* Puisse le peuple serbe en Bosnie et en Herzégovine travailler comme jusqu'à présent, *dans l'intérêt de la civilisation*, à sa renaissance et, éveillé comme il l'est, per-

---

1. Compar. par contre article 6 de la convention militaire russo-bulgare de 1909, voir annexe VIII.

sonne ne pourra jamais lui faire perdre sa nationalité. »

A ma question si nous avions quelque chose à
attendre de sa conversation avec le ministre des
Affaires étrangères, tout au moins au point de vue
du chemin de fer de l'Adriatique — l'Autriche-
Hongrie ayant perdu le terrain où devait être établi
son chemin de fer en évacuant le Sandschak — il me
répondit qu'il en avait parlé avec Tittoni et qu'on
devra de nouveau raviver cette affaire, dès que la
situation de la Turquie le permettra.

II. — *Entretien de M. Similch, ministre serbe,
avec le prince Ourusoff, ambassadeur de Russie
à Vienne.*

M. Simitch rapporte de Vienne le 27 septembre/
10 octobre 1908 : « A ma question, si le gouvernement russe avait eu connaissance des intentions du
gouvernement impérial et royal au sujet de l'annexion, le prince Ourusoff me répondit que le baron
d'Æhrenthal avait parlé effectivement à Buchlowitz
(Buchlau) avec M. Iswolski de la possibilité d'une
annexion, mais sans la considérer comme imminente.
M. Iswolski lui avait répondu *qu'en principe la
Russie ne s'opposerait pas* à une telle modification
du traité de Berlin pour le maintien duquel elle
n'avait aucun motif d'intervenir, mais qu'il estimait
qu'une telle modification du traité ne pouvait être
entreprise sans l'approbation des puissances signataires. M. d'Æhrenthal n'ayant pas encore recherché

cette approbation, son procédé est donc inattendu pour la Russie.

A ma demande si la Russie avait déjà lancé la convocation d'une conférence qui aurait à s'occuper du redressement de la situation politique et s'il était à prévoir que cette conférence se réunît et que l'Autriche-Hongrie y participât, M. Ourusoff me répondit que la proposition russe de conférence avait dû partir de Saint-Pétersbourg l'avant-veille, mais qu'il ne l'avait pas encore reçue à la date d'hier. Quant à la participation des puissances à la conférence, on savait jusqu'à présent que la France, l'Italie et l'Allemagne y prendraient part. L'Angleterre ne s'était pas encore exprimée définitivement à ce sujet, mais on espère sa participation. Le baron d'Æhrenthal lui avait dit que l'Autriche-Hongrie était en principe pour la conférence, mais qu'elle désirait que le programme de ses travaux fût établi à l'avance, ce qui d'ailleurs était tout à fait naturel. Mais comme il pourrait arriver que l'élaboration du programme durât longtemps, il n'était pas à prévoir que la conférence eût lieu bientôt.

Passant alors à l'excitation qu'avait causée en Serbie l'annexion de la Bosnie et de l'Herzégovine, le prince Ourusoff me dit que, selon lui, cette irritation était exagérée : *de fait, absolument rien n'avait été changé dans les proportions des forces dans les Balkans par l'annexion.* Aucun homme sensé n'aurait pu s'imaginer que l'Autriche-Hongrie renoncerait de sa propre volonté aux provinces occupées et qu'elles écherraient à la Serbie. *En supposant que chez nous on eût spéculé sur cette éventualité, comme sur une conséquence d'une guerre malheu-*

*reuse pour l'Autriche-Hongrie, ou sur le succès
d'une révolution en Bosnie,* cette possibilité persiste
pour l'avenir. Il trouvait compréhensible la protestation que nous avions remise aux puissances
signataires contre l'acte de l'Autriche-Hongrie, car
nous avons dû la leur remettre, mais ceci était tout
ce que de petits Etats peuvent faire dans des cas
pareils; pousser les choses plus loin et provoquer
un conflit avec l'Autriche-Hongrie serait impar-
donnable et néfaste pour la Serbie. Il sait qu'à
Vienne on est très mal disposé en notre faveur et
estime en conséquence qu'il serait très dangereux
de prolonger les manifestations qui se déroulent
quotidiennement à Belgrade. Ceci serait seulement
à l'avantage de l'Autriche et de ses visées. Déjà
maintenant on justifie la nécessité de l'annexion en
se basant sur ces démonstrations. Et si l'on en venait à Belgrade à une guerre entre la Serbie et
l'Autriche-Hongrie, cela serait l'affaire de la Serbie,
qui nous imposerait même plus tard, après qu'elle
serait terminée, de lourdes responsabilités. C'est
pourquoi le prince Ourusoff nous recommande d'être
très prudents et d'éviter toute provocation. Lors
de sa dernière visite chez le baron d'Æhrenthal, il
a trouvé celui-ci très irrité contre la Serbie et presque contre tous.

Quant à la compensation que nous exigerions dans
notre note de protestation, dans le cas où l'annexion
serait également sanctionnée par l'Europe, M. Ourusoff ne voit pas en quoi cette compensation pourrait
consister. *Il est d'avis que la renonciation de l'Autriche-Hongrie au Sandschak peut être une compensation suffisante* pour nous de l'annexion de la

Bosnie et de l'Herzégovine, car elle ouvre pour l'avenir la perspective d'un élargissement éventuel de la Serbie dans cette direction et écarte la crainte d'une nouvelle progression de l'Autriche vers le sud. M. Ourusoff ne voit pas non plus quelles compensations on pourrait accorder à la Turquie pour la renonciation définitive sur la Bosnie et sur l'Herzégovine, et pour la proclamation de l'indépendance de la Bulgarie.

III. — *Entretien de M. Gruïtch, chargé d'affaires de Serbie, avec M. Iswolski.*

M. Gruitch communique de Londres le 30 septembre/13 octobre 1908 :

Ainsi que j'ai eu l'honneur de vous en informer télégraphiquement, j'ai eu aujourd'hui une entrevue avec M. Iswolski, qui a accueilli avec grande bienveillance ma demande d'audience. Ses premières paroles, après que nous nous fûmes salués, furent que cela lui faisait plaisir de s'entretenir avec moi, car, vu les circonstances actuelles, un entretien peut être d'un intérêt général. Notre conversation dura pendant environ quarante minutes ; en voici les faits saillants :

M. Iswolski ne cacha point son mécontentement contre l'Autriche et protesta très énergiquement contre l'affirmation qu'il eût donné son approbation à l'annexion. Ce n'est pas une fois seulement, dit-il, mais au moins dix fois dans le courant de ces dernières années que l'Autriche nous a sondés au sujet de l'annexion, mais les négociations à ce sujet n'aboutirent pas absolument à quelque chose de définitif et nous répondîmes toujours que cette question ne pourrait être résolue qu'après que les puissances signataires du traité de Berlin y auraient donné préalablement leur approbation.

Au sujet de la Bulgarie, M. Iswolski dit que ce pays avait plus perdu que gagné, car il s'était aliéné les sympathies de l'Europe et plus particulièrement les sympathies de la Russie, ce dont à l'avenir il ferait l'expérience à son détriment. « Je sais, dit-il, qu'on s'imaginait chez vous que nous avons un faible pour la Bulgarie et que nous la favorisons particulièrement. J'avoue qu'il en a été ainsi autrefois, ce qui s'explique par le fait que la Bulgarie est notre création et que par conséquent nous nous tînmes pour obligés de la favoriser dans son développement. Mais, par ses agissements actuels, la Bulgarie nous a délivrés de cette obligation et elle aura l'occasion de sentir les conséquences du changement de notre attitude. »

Pour ce qui concerne l'Autriche, M. Iswolski condamna de nouveau ses agissements et dit qu'il ne comprenait pas la politique du baron d'Æhrenthal. *Au point de vue purement autrichien, l'annexion est une lourde faute, car, à cause d'elle, l'Autriche s'exposera sur son propre territoire à de grands embarras et le résultat pour la politique extérieure sera une entente encore plus étroite entre la Russie, la France et l'Angleterre.*

Pour ce qui concerne la Serbie, M. Iswolski est d'avis que *la question de l'annexion doit être trai-*

tée avec sang-froid et à un point de vue politique *pratique* et non *sentimental*. Il comprend l'exaspération des masses et la façon dont celle-ci se manifeste, mais il ne peut s'expliquer comment quelques-uns de nos hommes d'Etat se laissent entraîner par elle. A cette occasion il dit que M. Vesnitch, lorsqu'il s'était rencontré avec lui, à Paris, l'avait fort étonné par ses vues violentes. *Nous devons bien plutôt nous rendre compte que la Bosnie et l'Herzégovine étaient perdues pour nous depuis longtemps*, car jamais l'Autriche n'eût rendu ces provinces à la Turquie et moins encore à nous, sans une guerre. Jamais non plus ni la France ni l'une quelconque des grandes puissances ne se seraient avanturées à ce sujet dans une guerre avec l'Autriche; quant à la Serbie, elle ne pouvait pas même penser à faire la guerre, car la guerre équivaudrait pour la Serbie à un coup de tête, à un suicide et toutes les mesures prises par elle jusqu'ici ne servent à rien et ne peuvent que compromettre sa cause. « Je lis dans les journaux, dit-il, que la Skoupchtina (chambre des députés) a mis à la disposition du ministère de la guerre un crédit de 16 millions de francs. Une telle mesure ne fera tout au plus qu'exciter davantage les esprits en Serbie, et à l'étranger elle confirmera la conviction qu'on ne veut pas écouter les conseils de la raison, car il ne faut pas s'imaginer que c'est avec 16 millions de francs que l'on fait la guerre !

Si l'on voulait chez nous considérer avec plus de sang-froid l'annexion qui est un fait accompli, *nous y trouverions matière à satisfaction, car, pour nous et pour notre avenir, le fait que l'Autriche a rendu*

à la Turquie le *Sandschak de Novibazar est de
la plus haute importance. Par là l'avance de
l'Autriche sur Salonique est coupée à jamais.* Dès
que l'ordre aura été rétabli en Turquie et que le
développement de ce pays aura repris une marche
normale, elle sera elle-même un grand obstacle à
l'avance de l'Autriche. En supposant que les espérances que l'on fonde sur la Turquie ne se réalisent
pas, si jamais arrivait « le moment du démembre-
ment de la Turquie », le Sandschak dont nous sommes les successeurs naturels devrait nous échoir.
*Par la rétrocession du Sandschak nous réaliserons
un gain, puisque l'Autriche aura de ce fait perdu
ses droits sur un chemin de fer, tandis que le nôtre
(chemin de fer adriatique) sera assuré, bien qu'il
ne soit pas permis d'en parler pour le moment.* En
outre, le résultat de l'annexion sera de réveiller le
sentiment national chez nous et chez les Serbes,
hors du royaume, et de nous unir au moins moralement. C'est grâce à elle que nous avons oublié
les intérêts mesquins qui nous avaient séparés du
Monténégro et que nous avons fait la paix entre
nous. » Enfin, nous pouvons encore espérer quelques
compensations qui affirmeront notre avenir économique et politique et *M. Iswolski est convaincu que
l'avenir nous réserve de grandes surprises.* Dans
tous les cas, nous pouvons être assurés qu'il fait et
fera tout son possible pour protéger nos intérêts et
pour obtenir certaines compensations. Dans ce but,
il ne rejette nullement la possibilité d'une compensation territoriale, mais il est en absolu désaccord
avec nous en ce qui concerne notre prétention de
règlement de la frontière nord du Sandschak en

faveur de la Serbie et du Monténégro. Il justifie sa manière de voir par le fait qu'en Bosnie, l'agitation, qui a cours depuis longtemps, se prolongera sans doute encore et que l'Autriche pourra d'autant plus rejeter sur nous toutes les responsabilités que nos frontières seront plus en contact avec les siennes sur ces nouveaux points. Ce serait le même cas avec la Turquie si quelques désordres venaient à se produire dans le Sandschak. C'est pourquoi il est de notre intérêt que les frontières de la Turquie et de l'Autriche soient en contact direct et non que nous et le Monténégro nous nous trouvions entre elles.

Naturellement je ne puis laisser un raisonnement aussi étrange sans remarques, mais, à tout ce que je lui dis, M. Iswolski se contenta de reproduire ses mêmes arguments et dit qu'il était convaincu qu'un règlement nouveau des frontières nous serait nuisible. Je n'ai pas manqué non plus, dans le cours de notre conversation, de développer notre point de vue et d'expliquer les causes qui motivent notre mécontentement. Mon but principal était de lui prouver que les graves soucis de notre gouvernement et les inquiétudes de notre peuple ne tiraient pas uniquement leur origine de ce que l'annexion avait détruit nos espérances d'une expansion territoriale en Bosnie et en Herzégovine, mais, principalement, de ce que cette annexion, si ce n'est immédiatement, tout au moins dans l'avenir, mettait en question l'existence de l'Etat serbe (?). « Voilà pourquoi, dis-je, nous espérons que les grandes puissances tiendront compte de notre protestation et de nos exigences justifiées de compensations qui, au pis aller, nous offriraient tout au moins de réelles garanties pour notre existence et pour notre développement indépendant et normal. Ce n'est que de cette façon que l'on pourrait agir sur notre nation pour qu'elle attendît patiemment la décision des grandes puissances Mais que l'on ne s'imagine pas que l'irritation du peuple ne soit que passagère ; au contraire, elle se manifestera avec plus de force, si les puissances ne nous accordent pas la satisfaction que nous avons le droit d'attendre d'elles. »

M. Iswolski, inébranlable dans ses arguments, en réponse à mes remarques, répéta à plusieurs reprises qu'il faisait tout son possible pour nous appuyer et qu'il pourrait intervenir en notre faveur avec d'autant plus de sincérité et de facilité que la Russie ne réclamait aucune compensation pour son propre compte (?) ; mais, dit-il, la question des compensations dépend de notre attitude ; nous devrions comprendre que, sous ce rapport, nous obtiendrions le maximum en mettant un terme à nos préparatifs militaires et en combattant l'esprit belliqueux du peuple.

IV. — *Télégramme du ministre de Serbie, M. Milovanovitch (parti pour Berlin en mission spéciale) au Ministère des Affaires étrangères à Belgrade.*

Berlin, 12 octobre (anc. st.) 1908.

M. Iswolski a reçu ici exactement les mêmes réponses et y a eu les mêmes impressions que moi. L'Allemagne laisse absolument à l'Autriche-Hongrie la décision, sans vouloir l'influencer par ses conseils ; les négociations au sujet du programme et la convocation de la conférence seront donc traitées directement entre Saint-Pétersbourg et Vienne. M. Iswolski est convaincu que l'Autriche-Hongrie devra venir à la conférence, qu'autrement — il me l'a affirmé catégoriquement — la Russie ne reconnaîtrait pas l'annexion. Nous avons décidé de maintenir jusqu'aux extrêmes limites possibles les exigences des compensations territoriales en faveur de la Serbie et du Monténégro, en deuxième ligne d'essayer que le territoire en suspens soit cédé à la Turquie, qui le remettrait à la Serbie ; au pis aller, s'il fallait y renoncer, d'insister d'autant plus pour que la Bosnie et l'Herzégovine deviennent un tout autonome, que les communications avec la mer Adriatique et un territoire libre de passage pour ce qui concerne le Sandschak de Novibazar, soient assurées à la Serbie. *M. Iswolski condamne sans cesse et très durement l'Autriche-Hongrie en laquelle la Russie et les puissances occidentales ont perdu toute confiance ; il exprima sa conviction et son espoir d'une vengeance proche et sanglante contre l'Autriche-Hongrie ; la question autrichienne deviendrait par conséquent bientôt plus aiguë que la question turque, sa politique vise, par une liquidation de toutes les questions russes en dehors de l'Europe, à ramener la Russie à ses visées européennes ; dans cette politique, la Serbie est un facteur important en tant que centre des Yougoslaves.* La Bosnie, vu l'état d'esprit de la Russie et de l'Europe occidentale, est maintenant moins perdue pour la Serbie ; même si l'annexion devait en être reconnue, *les premiers actes qu'entreprendrait la Serbie pour la réalisation de ses buts nationaux la conduiraient malgré tout vers le Sandschak de Novibazar et vers la Bosnie. Pour le présent, comme le terrain n'était préparé ni militairement ni diplomatiquement, on devait éviter un conflit. La Russie devrait abandonner la Serbie dans le cas où celle-ci provoquerait une guerre, de sorte qu'elle succomberait, bien que cela dût être le coup le plus terrible non seulement pour les sentiments russes, mais encore pour les intérêts russes et les visées futures de la Russie.*

Nous nous entendîmes au sujet de ce que j'aurai à dire à Grey relativement à l'attitude de l'Allemagne ; il me promit de me tenir au courant et je lui fis la même promesse en le remerciant. Il part demain pour Saint-Pétersbourg. La Russie et l'Angleterre s'efforcent de détacher la Bulgarie de l'Autriche-Hongrie et les Bulgares commencent à se rendre compte que c'est plus sûr pour eux. L'Autriche-Hongrie tâche, bien qu'elle prétende le contraire, de maintenir une communauté d'esprit avec la Bulgarie.

Il est de toute nécessité que nous continuions à observer, comme nous l'avons fait jusqu'ici, une attitude réservée mais correcte envers la Bulgarie et que nous n'embrouillions pas la question bulgare et la question bosniaque. »

MILOVANOVITCH.

V. — *Télégramme de M. Milovanovitch, ministre de Serbie (envoyé en mission spéciale à Londres) au Ministère des Affaires Étrangères à Belgrade.*

Londres, 16 octobre (anc. st.) 1908.

Hier après-midi, je fus reçu d'abord par M. Hardinge, chez lequel je restai une demi-heure. Puis je me rendis avec lui chez M. Grey où nous nous entretînmes pendant plus d'une heure. Tous deux m'écoutèrent très attentivement et témoignèrent l'intérêt le plus vif et le plus sympathique pour notre cause. Ils pouvaient m'assurer sans restriction que la question nationale serbe, mise à l'ordre du jour, provoque la meilleure opinion et la plus vive sympathie pour le gouvernement serbe et pour moi personnellement, non seulement dans la presse anglaise, mais encore dans l'attitude fixée au gouvernement au sujet de la politique anglaise. Ils doutent tous les deux qu'on aboutisse dans la question des compensations territoriales, étant donné que l'Autriche-Hongrie ne veut absolument pas en entendre parler. J'expliquai que c'est là la question

principale pour la Serbie, pour le Monténégro et
pour l'avenir de toute la péninsule des Balkans;
que c'est là le seul gage possible contre une plus
large pénétration dans les Balkans de l'Autriche-
Hongrie, et que, par conséquent, c'est là le baromè-
tre des futures intentions de ce pays, qui n'a aucun
motif ou intérêt à refuser son consentement si, sincèrement, il ne pense à aucun élargissement de ses
conquêtes dans les Balkans. M. Grey reconnut la
justesse de mon assertion, puis il se ravisa: « Puisque l'Autriche-Hongrie ne le veut pas, dit-il, fal-
lait-il faire échouer la conférence, parce qu'on prévoyait que Vienne s'en tiendrait à l'annexion et
conserverait en même temps le Sandschak de Novi-
bazar? » Je répondis qu'on ne devait pas craindre
de laisser cette question ouverte, car l'Autriche-
Hongrie n'oserait laisser subsister longtemps la situation tendue actuelle et qu'il pourrait arriver
qu'elle fût abandonnée par l'Allemagne, si cette
situation se prolongeait. Nous devions nous en tenir
jusqu'au bout à cette exigence et, aussi longtemps
que l'Angleterre ne renoncerait pas à cette exigence,
les chances de succès subsisteraient. L'attitude de
l'Angleterre encouragerait aussi la Turquie qui n'était
pas davantage disposée à céder devant l'Autriche
et avec le concours de laquelle il nous serait facile
de conclure en peu de temps un arrangement posi-
tif. J'expliquai comment la résistance de l'Autriche-
Hongrie pourrait être brisée et, si cela réussissait,
comment la question bulgare pourrait être séparée
et amenée isolément à son dénouement, de sorte
que l'Autriche-Hongrie resterait isolée, ce que
M. Grey approuva d'un signe de tête. *Nous devons,*

expliquai-je, préparer la guerre, qui est inévitable, dans un avenir très prochain, si l'on nous refuse ce dédommagement.

Sur mes instances réitérées, MM. Grey et Hardinge me donnèrent finalement leur parole qu'ils continueraient à soutenir nos réclamations de compensations territoriales aussi longtemps que la Russie les soutiendrait. J'exposai aussi nos autres exigences, principalement pour ce qui concerne une garantie pour la situation de la Bosnie, comme un tout autonome, mais à la condition, qu'ils semblèrent accepter, que, pour le moment, ces exigences ne figurassent pas dans la discussion, le principal devant résider dans les compensations territoriales. Si celles-ci étaient accordées, on pourrait passer à la discussion de tous les autres sujets. Dans le cas où elles ne le seraient pas, nous devrions absolument obtenir tout le reste des compensations exigées, sans pour cela cependant nous déclarer satisfaits. Le roi n'est pas à Londres et il n'est pas sûr qu'il y revienne avant la fin de la semaine prochaine. Je ne puis donc pas l'attendre. J'ai commencé mes visites chez les ambassadeurs et je verrai aussi M. Lansdowne, l'ancien ministre des Affaires étrangères. La presse tout entière exprime sa sympathie pour la Serbie et pour moi ; je donne des interviews et des informations aux représentants et aux reporters de journaux anglais et étrangers de marque. Je partirai d'ici dimanche pour Paris. J'ai télégraphié à ce sujet à M. Pachitch.

Milovanovitch.

VI. — *Télégramme de M. Pachitch, ministre, envoyé en mission spéciale à Saint-Pétersbourg, au Ministère des Affaires Étrangères à Belgrade.*

12 novembre (anc. st.) 1908.

Hier. j'ai été reçu par le tsar en audience spéciale, qui dura une demi-heure. Le tsar exprima sa grande sympathie pour la Serbie, conseilla une attitude pacifique, *car notre cause est juste, mais notre préparation est faible. La question de la Bosnie et de l'Herzégovine ne sera tranchée que par une guerre; selon lui, l'Autriche-Hongrie ne consentira ni à l'autonomie ni à des compensations territoriales.* La Russie ne reconnaîtra pas l'annexion. Il approuve notre accord avec la Turquie, mais ce qui l'irrite, c'est que la Bulgarie se soit séparée de la cause slave; pourtant il croit qu'elle y reviendra. Il exprima ses sympathies pour la dynastie et me pria de saluer cordialement le roi de sa part. Il ne croit pas que l'Autriche-Hongrie attaquera la Serbie, mais il ne faut pas la provoquer. Il n'attribue pas d'importance à la députation envoyée de Sarajewo à Vienne, car il sait ce que désire et pense le peuple de la Bosnie et de l'Herzégovine. *Que notre ligne de conduite soit: entente avec la Turquie, attitude pacifique, préparation militaire et l'expectative.* A mon retour je mentionnerai le reste.

VII. — *Télégramme de M. Kochutitch, délégué du Ministère des Affaires Étrangères à Belgrade.*

6 mars (anc. st.) 1909.

Chomjakow m'a communiqué très confidentiellement que l'appel aux parlements européens des membres de la Douma coïncide pleinement avec les idées connues du tsar sur la situation actuelle. A l'audience qu'il a eue lundi, le tsar lui a dit que l'horizon serbe s'était terriblement assombri à la suite de ce coup de l'Autriche, que la situation était épouvantable, *parce que la Russie n'était pas prête à la guerre et parce que la défaite de la Russie serait la ruine du slavisme. Le tsar a l'impression que le conflit avec le germanisme sera inévitable dans l'avenir et qu'on doit s'y préparer.* A la question : quelle serait l'attitude de la Russie dans le cas où l'Autriche-Hongrie attaquerait la Serbie, le président de la Douma me répondit : « Nous avons fait ce qu'aucun État n'a fait jusqu'à ce jour en déclarant devant le monde entier que nous ne sommes pas en état actuellement de faire la guerre ; *cependant, nous considérerions toute violence faite à la Serbie comme le début de la conflagration européenne à laquelle, pourtant, nous ne nous mêlerons pas dans ce moment ; celle-ci éclatera plus tard, quand nous serons à même d'avoir voix au chapitre.* »

VIII. — *Convention militaire russo-bulgare (décembre 1909). Très secret.*

Le gouvernement impérial russe et le gouvernement royal bulgare ont jugé bon et nécessaire, dans leur intérêt mutuel, de conclure le traité secret suivant :

Article premier

Au cas d'un conflit armé simultané de la Russie avec l'Allemagne. avec l'Autriche-Hongrie et la Roumanie ou avec l'Autriche-Hongrie et la Roumanie, de même qu'au cas d'un conflit armé de la Russie avec la Turquie, et sans tenir compte du point de savoir à qui pourrait incomber l'initiative de ces conflits, la Bulgarie s'engage, sur la demande du gouvernement russe, à mobiliser immédiatement la totalité de ses forces, à procéde immédiatement aux opérations militaires, conformément aux plans conçus d'avance, à ne pas les interrompre avant d'avoir atteint complètement le but prévu par les plans spécifiés ci-dessous. et en tous cas, pas avant que le gouvernement russe lui ait donné son approbation.

Article 2

Dans le cas où l'Autriche-Hongrie, en commun avec une autre puissance, attaquerait la Bulgarie, sans avoir été provoquée par cette dernière. la Russie s'engage à fournir à la Bulgarie un appui armé actif.

ARTICLE 3

Dans le cas où la Turquie procéderait à des opérations militaires contre la Bulgarie, sans y être provoquée par cet État, la Russie s'engage à mobiliser le nombre nécessaire de troupes de l'arrondissement militaire du Caucase et. si cela devenait nécessaire, également de l'arrondissement militaire d'Odessa, afin de soulager de toute manière la situation de l'armée bulgare sur le théâtre européen de la guerre. Tout en se réservant la liberté d'autres opérations, la Russie prend, dans tous les cas, l'engagement de fournir un appui armé actif à la Bulgarie si, la Bulgarie étant en guerre avec la Turquie, une autre puissance encore l'attaquait sans y être provoquée.

ARTICLE 4

Dans le cas d'une issue favorable du conflit armé avec l'Autriche-Hongrie et la Roumanie, ou avec l'Allemagne, l'Autriche-Hongrie et la Roumanie, la Russie s'engage à accorder à la Bulgarie le plus grand appui possible pour obtenir l'agrandissement du territoire bulgare du côté de la région, de population bulgare, située entre la mer Noire et la rive droite du Bas-Danube En outre la Russie promet d'appuyer activement par voie diplomatique les prétentions de la Bulgarie concernant les possibilités d'un règlement des autres frontières.

du royaume bulgare. De plus, la Bulgarie recevra un titre à une partie des contributions qui correspondra à sa participation aux opérations de guerre avec ses forces armées et à ses dépenses.

ARTICLE 5

En considération du fait que la réalisation de l'idéal des peuples slaves dans la péninsule balkanique, qui tient tant au cœur de la Russie, ne peut être rendue possible que par une issue favorable d'une guerre de la Russie avec l'Allemagne et l'Autriche-Hongrie, la Bulgarie prend d'une façon solennelle l'engagement, aussi bien dans ce cas que dans le cas de l'adhésion de la Roumanie ou de la Turquie à la coalition des puissances ci-dessus indiquées, de faire les plus grands efforts pour écarter tous les motifs d'une plus large extension du conflit. En ce qui concerne les puissances alliées avec la Russie ou ayant des relations amicales avec ce pays, le gouvernement bulgare observera à leur égard une attitude également amicale.

ARTICLE 6

Dans le cas d'une issue favorable du conflit avec la Turquie, la Russie s'engage à accorder *le plus grand appui possible* aux prétentions de la Bulgarie touchant l'agrandissement du royaume de Bulgarie par incorporation de contrées dont la population est en majorité de langue bulgare, *à peu près dans les limites fixées par le traité préli-*

minaire de Saint-Stéphano du 19 février 1878 entre la Russie et la Turquie.

ARTICLE 7

Si les résultats de la guerre ne correspondaient pas entièrement aux buts fixés pour les cas prévus par les articles 1, 2 et 3 du présent traité, la Russie s'engage à faire son possible pour maintenir la Bulgarie dans ses frontières actuelles et à réduire dans la mesure du possible la contribution éventuelle imposée à la Bulgarie.

ARTICLE 8

Immédiatement après la signature du présent traité, le ministre de la Guerre de Russie et le ministre de la Guerre de Bulgarie, ou des personnalités spéciales désignées par les gouvernements respectifs à cet effet, seront autorisés à établir en vue d'un résultat aussi complet et rapide que possible les buts communs des belligérants des deux Etats sur les théâtres de la guerre limitrophes de la Bulgarie. Avec le temps ces buts seraient susceptibles d'être modifiés, dans le cas où les circonstances le rendraient nécessaire, mais seulement après entente mutuelle. Les plans détaillés des préparatifs de guerre provisoires seront élaborés d'une façon personnelle par le ministère de la Guerre bulgare dans les limites de la tâche fixée, mais en observant d'une façon absolue l'exigence fondamentale que le gros des forces militaires bulgares sera employé contre l'ennemi commun. Dans l'intérêt de l'affaire, le gouvernement bulgare tiendra l'attaché militaire russe en Bulgarie continuellement au courant de tous les travaux de préparation ainsi que de toutes les modifications de détail.

ARTICLE 9

Après l'ouverture des hostilités l'armée bulgare procédera d'une façon entièrement indépendante en se dirigeant d'après les buts concertés d'avance dont on ne pourra s'écarter qu'avec le consentement du général en chef de l'armée russe ou seulement dans le cas de force majeure. Dans le cas où, au cours de la guerre, le commandant en chef de l'armée russe jugerait nécessaire de modifier les buts primordiaux, l'armée bulgare s'engage à tenir compte de ses directives.

Lé présent traité avec toutes ses conséquences n'engagera la Russie qu'en tant que cette prescription si nécessaire au succès de la guerre, sera entièrement remplie.

ARTICLE 10

Dans le cas où l'armée russe et l'armée bulgare opéreraient en commun sur un même et unique théâtre de la guerre, le commandement suprême reviendrait au général en chef de l'armée russe. Dans tous les autres cas, où différents détachements de troupes opéreraient en commun, le commandement en reviendrait au commandant du rang supé-

rieur par son unité militaire (soit selon l'ordre : batail-
lons, régiments, brigades, divisions, corps et groupes
d'armées). En cas de réunion de détachements du
même rang, le commandant supérieur en grade ob-
tiendra le commandement en chef.

ARTICLE 11

Il sera adjoint à l'Etat-major du commandant en
chef de l'armée bulgare un général ou un colonel de
l'Etat-major russe, nommé spécialement à cet effet,
comme attaché militaire principal. Celui-ci sera
l'unique intermédiaire pour les rapports mutuels entre les deux commandants en chef. Le gouvernement
russe se réserve le droit d'avoir des attachés militaires également dans les unités de troupes plus petites de l'armée bulgare, qui seront toutes sous les
ordres immédiats de l'attaché en chef. Ceux-ci auront voix consultative pour la solution des diverses
questions stratégiques ou autres dans lesquelles
pourraient se heurter d'une façon quelconque les intérêts réciproques russo-bulgares. Le commandant
bulgare décidera personnellement de ces questions ;
cependant il n'aura pas le droit de se refuser à exposer ses motifs par écrit dans le cas où sa décision
serait en opposition avec l'opinion de l'attaché militaire russe. Dans les cas les plus importants, la décision définitive desdites questions reviendra en
principe au commandant en chef russe. L'attaché
militaire russe en chef et les autres attachés militaires devront être entièrement tenus au courant
par les Etats-majors sur toutes les opérations, les
plans et les intentions.

Article 12

En ce qui concerne la nomination du commandant en chef de l'armée bulgare, dans le cas où le roi de Bulgarie ne désirerait pas se charger en personne du commandement en chef, de même qu'en ce qui concerne le choix des chefs de l'Etat-major du commandant en chef, le gouvernement bulgare s'engage à s'entendre au préalable avec le gouvernement russe.

Article 13

Les troupes alliées jouissent des mêmes droits et d'un appui universel de la part des autorités militaires et civiles bulgares, sans qu'il soit fait de différence quant au territoire sur lequel opèrent les troupes ; cette condition vise le cantonnement, les réquisitions de toute espèce, l'administration sanitaire, celle des postes et des télégraphes, etc. En outre le gouvernement bulgare prend l'engagement de mettre entièrement à la disposition des autorités navales et militaires russes toutes les installations maritimes et les ports.

Article 14

Le présent traité est valable pour la période de cinq ans et dès cette date jusqu'à ce qu'une année soit écoulée après le jour de la dénonciation du traité par l'une des parties contractantes.

Article 15

Le présent traité est considéré comme secret. Les deux gouvernements s'engagent à prendre toutes

*les mesures qui dépendront d'eux pour le tenir
secret.*

Article 16

Si le présent traité venait à perdre sa validité,
les exemplaires originaux devront en être détruits :
l'exemplaire russe en présence du ministre bulgare
à Saint-Pétersbourg, et l'exemplaire bulgare en présence du ministre russe à Sofia ou en présence de
leurs représentants. *Il va de soi que les deux gouvernements prennent l'engagement moral d'observer le secret sur son contenu également après sa
destruction* [1].

IX. — *Rapport de M. Gruitch, chargé d'affaires
à Londres du 8/21 septembre 1911, au ministre serbe des Affaires Étrangères, M. Milovanovitch.*

Pov. n° 144.

Monsieur le Ministre,

L'ambassadeur de France à Londres, M. Paul Cambon, vient de revenir ces jours-ci de Paris, où il
s'était rendu fréquemment dans le cours de ces deux
derniers mois pour y conférer et y être consulté au

---

1. Nous avons jugé nécessaire de citer cette convention
in extenso pour démontrer l'incohérence de la politique
russe et les préparations sérieuses et détaillées en vue d'une
guerre contre l'Autriche et l'Allemagne. D'autre part elle
démontre aussi l'ambiguïté de la politique bulgare qui
avait presque en même temps conclu aussi un arrangement avec l'Autriche à l'occasion de l'annexion de la Bosnie.

sujet de la question du Maroc. Il y a deux jours, dans une conversation avec une personnalité d'ici, il s'est expliqué sur la situation actuelle et sur son développement futur. J'ai l'honneur de porter à votre connaissance ses propos qui m'ont été confiés d'une source très sûre. M. Cambon est d'avis que les négociations actuelles avec l'Allemagne seront menées à bonne fin et qu'un accord interviendra. *Mais cet accord ne saurait et ne pourra détourner à la longue le danger qui menace, par suite de la politique de surprise de l'Allemagne.* Le résultat en serait uniquement *que la guerre serait retardée de trois à quatre ans.* Mais si, contre toute attente, les négociations doivent être interrompues, la France proposera une conférence qui sera sûrement refusée par l'Allemagne. Alors il se produira entre l'Allemagne et la France une tension qui, *au printemps, aboutira effectivement à la guerre. La France est persuadée que la guerre lui sera imposée, mais la France comme ses alliés sont d'avis que la guerre — même au prix des plus grands sacrifices — doit être renvoyée à plus tard, c'est-à-dire jusqu'en 1914-1915. La nécessité de ce délai provient moins de la préparation du matériel de guerre de la France, qui est terminée, que de l'organisation du commandement supérieur qui ne l'est pas encore.* Ce délai est également nécessaire à la Russie. L'Angleterre seule n'en retirera aucune utilité, puisque la prépondérance de sa flotte sur celle de la flotte allemande diminue chaque année. *Vu le degré de préparation non encore suffisant de ses alliés, la France conseille actuellement un arrangement avec l'Allemagne.*

X. — *Traité bulgaro-serbe du 29 février 1912.*

S. M. Ferdinand Ier, roi de Bulgarie, et S. M. Pierre Ier, roi de Serbie, pénétrées de leur foi en la communauté des intérêts et de l'analogie des destinées de leurs Etats et des deux pays frères, les Bulgares et les Serbes, et fermement décidées à unir leurs forces pour préserver et développer sous tous les rapports ces intérêts, sont convenus de ce qui suit :

ARTICLE PREMIER

Le Royaume de Bulgarie et le Royaume de Serbie se garantissent mutuellement l'indépendance politique et le maintien de leurs territoires et s'engagent sans réserve et sans restriction d'aucune sorte à se prêter secours de toutes leurs forces dans le cas où un ou plusieurs autres Etats attaqueraient l'un de ces deux pays.

ARTICLE 2

Les deux parties contractantes s'engagent également à s'entr'aider mutuellement de toutes leurs forces dans le cas où l'une quelconque des Grandes Puissances tenterait de s'emparer, même temporairement, d'occuper ou de s'approprier par ses troupes un territoire quelconque situé dans les Balkans et se trouvant actuellement sous la domination turque, et cela même dans le cas où l'un seulement des deux Etats jugerait la chose comme nuisible à ses intérêts vitaux ou comme un motif de guerre (*casus belli*).

ARTICLE 3

Les deux parties contractantes s'engagent à ne conclure la paix qu'en commun et après entente mutuelle préalable.

ARTICLE 4

Pour l'exécution la plus complète et la plus conforme au but voulu de ce traité, on conclura une convention militaire. Dans cette convention sera prévu tout ce qui doit être stipulé en ce qui concerne l'organisation militaire, la dislocation et la mobilisation des troupes, la situation des deux commandements en chef en temps de paix, de même que tout ce qu'il y aura à dire sur les préparatifs de guerre, l'état de guerre et une conduite de la guerre en vue du succès. La convention militaire est considérée comme partie intégrante du présent traité. On procédera à son élaboration au plus tard quinze jours après la signature du présent traité et elle devra être complètement établie dans ses détails au plus tard deux mois après.

ARTICLE 5

Le présent traité et la convention militaire mentionnée ci-dessus resteront en vigueur depuis le jour de leur signature jusqu'au 31 décembre 1920 inclusivement. Ils pourront être prolongés jusqu'à une date ultérieure, mais seulement après un accord complémentaire qui devra être confirmé par les deux parties contractantes. Si toutefois, le jour de l'extinction du traité et de la convention militaire, les deux parties se trouvent en guerre ou dans une situation provoquée par la guerre, le traité et la convention militaire resteront en vigueur jusqu'à la conclusion de la paix et jusqu'à la liquidation de la situation créée par la guerre.

Article 6

Le présent traité sera signé en deux exemplaires identiques rédigés en langue bulgare et en langue serbe. Ceux-ci seront signés par les souverains et par leurs ministres des Affaires étrangères. La convention militaire, qui sera également rédigée en deux exemplaires en bulgare et en serbe, sera signée par les souverains, par leurs ministres des Affaires étrangères et par les délégués militaires spéciaux.

Article 7

Le présent traité et la convention militaire peuvent être publiés et communiqués à d'autres États, mais seulement, après consentement préalable des deux parties contractantes, et en commun et simultanément. De même un autre État ne pourra être admis dans l'association qu'après entente préalable.

Fait à Sofia, le 29 février/13 mars 1912.

XI. — *Annexe secrète au traité bulgaro-serbe de 1912.*

I

Dans le cas où éclateraient en Turquie des troubles intérieurs qui menaceraient les intérêts politiques ou nationaux des deux parties contractantes ou de l'une d'elles et dans le cas où par suite de difficultés intérieures ou extérieures de la Turquie le *statu quo* serait ébranlé dans la péninsule des Balkans, *celle des deux parties contractantes qui la première serait convaincue de la nécessité d'une intervention armée*, s'adressera, par une motion motivée, à l'autre partie. Celle-ci, de son côté, sera dans l'obligation d'entrer de suite en échange de vues et, en cas de désaccord avec l'autre partie alliée, de donner à celle-ci une réponse détaillée et motivée[1].

Dans le cas où l'on serait d'accord au sujet d'une intervention par les armes, *la Russie devra en être informée ; si celle-ci ne s'y oppose pas, les alliés procéderont aux opérations militaires convenues.* Dans ce cas, ils se laisseront guider par le sentiment de la solidarité et tiendront *compte de leurs intérêts mutuels. Dans le cas contraire, c'est-à-dire si une entente n'intervenait pas, la question serait soumise à l'arbitrage de la Russie. La décision de la Rus-*

1. C'est avec raison que ce traité fut qualifié de convention de guerre.

sie sera obligatoire pour les deux parties contrac-
tantes. Si la Russie déclinait de se prononcer, si,
par conséquent, une entente ne pouvait aboutir entre les deux parties contractantes, et que, cependant, la partie qui se serait décidée pour une intervention armée ouvrît les hostilités contre la Turquie,
l'autre partie s'engage à observer au moins une
neutralité bienveillante à l'égard de son alliée et,
si une autre puissance se plaçait du côté de la Turquie, à procéder imméd.atement à la mobilisation
prévue dans la convention militaire et à venir en
aide avec toutes ses forces à son alliée.

II

L'ensemble du territoire mentionné, occupé à la
suite des opérations mutuelles (§ 1 et 2 du traité et
§ 1 de l'annexe secrète), sera administré par des autorités communes des deux alliés (condominium), et li-
quidé aussitôt, dans aucun cas plus tard que dans les
trois mois qui suivront le rétablissement de la paix.

La Serbie reconnaît les droits de la Bulgarie sur
le territoire à l'est de Rodope et de la rivière Struma
et la Bulgarie les droits de la Serb.e sur le territoire au nord et à l'ouest de Char-Planina.

En ce qui concerne les territoires situés entre
Char-Planina, Rodope, l'Archipel et le lac Ochrida,
on procédera sur la base suivante. dans le cas où
les deux parties estimeraient impossible la création,
par suite d'intérêts communs serbes et bulgares ou
pour d'autres causes extérieures ou intérieures, d'un
territoire séparé. La Serbie s'engage à ne prétendre

à aucun territoire en dehors de la ligne tracée sur
la carte ci-jointe (suivent les détails de la délimitation). La Bulgarie s'engage à accepter ces frontières si S. M. l'empereur de Russie qu'on priera
d'assumer le rôle d'arbitre dans cette question, se
déclare en faveur de la ligne tracée. Il va sans dire
que les deux parties s'engagent à accepter comme
frontière définitive la ligné que l'empereur de Russie aura bien voulu fixer à travers les frontières indiquées ci-dessus, à la regarder comme la plus conforme et comme celle correspondant le mieux aux
intérêts des deux parties.

III

*Une copie de ce traité, avec cette annexe secrète,
de même que la convention militaire seront remises
en commun par les parties contractantes au gouvernement impérial russe avec prière d'en prendre
connaissance et d'observer une attitude bienveillante
au sujet des buts qui y sont contenus,* puis de prier
S. M. l'empereur de daigner accepter et approuver
la tâche confiée tant à Elle qu'à son gouvernement.

IV

Tout litige qui pourrait se produire lors de l'in-
terprétation et de l'exécution d'un des articles du
traité, de l'annexe secrète et de la convention militaire, *sera soumis au jugement sans appel de la
Russie* dès que l'une des parties contractantes aura

déclaré impossible d'aplanir le litige par des négociations directes.

V

Aucun article de ce traité secret ne pourra être
publié ou communiqué à une autre puissance sans
le consentement préalable des deux parties contractantes et sans celle de la Russie.

Fait à Belgrade, le 29 février/13 mars 1912.

XII. — *Convention militaire bulgaro-serbe de 1912.*

Conformément aux principes de l'article II du
traité d'amitié et d'alliance entre les royaumes de
Serbie et de Bulgarie, et afin de pouvoir faire la
guerre avec succès et de pouvoir atteindre entièrement les buts prévus par l'alliance, sont confirmées
les décisions suivantes qui engagent au même degré
et ont la même importance que les conditions du
traité lui-même.

ARTICLE PREMIER

Les royaumes de Serbie et de Bulgarie s'engagent, pour les cas prévus à l'article 1 et 2 du traité
d'alliance, de même qu'à l'article 1 de l'annexe secrète dudit traité, à se secourir réciproquement, et
comme suit : la Bulgarie avec une puissance militaire d'au moins 200.000 hommes, la Serbie avec

150:000 hommes, qui auront été préparés en vue d'opérations de guerre à la frontière et aussi hors du territoire de l'Etat en question. Dans le chiffre indiqué ci-dessus ne devront figurer ni réservistes, ni fractions de troupes de dépôt, ni réservistes du 3e ban serbe, ni troupes territoriales bulgares (3e ban). Les troupes ci-spécifiées devront arriver à la frontière, ou au dehors du territoire intéressé, au point qu'exigeront les nécessités des opérations et cela au plus tard dans un délai de vingt et un jours à dater du moment de la déclaration de guerre ou de l'information de l'un des alliés qu'un *casus fœderis* s'est produit. Cependant, chacun des alliés est tenu, avant que le délai ci-dessus soit écoulé, et dans la mesure correspondante au caractère des opérations militaires et d'une coopération nécessaire au succès de la guerre, d'amener sur le théâtre des hostilités des détachements de ses troupes, proportionnés au développement de la mobilisation et de la concentration sur le champ de bataille, et de commencer à le faire au plus tard le septième jour à dater de la déclaration de guerre ou de la production du *casus fœderis*.

Article 2

Au cas où la Roumanie attaquerait la Bulgarie, la Serbie s'engage à déclarer immédiatement la guerre à la Roumanie et à envoyer contre elle ses troupes fortes d'au moins 100.000 hommes, soit sur le cours moyen du Danube, soit sur le théâtre des hostilités, vers la Dobrudscha. Au cas où la Turquie attaquerait la Bulgarie, la Serbie s'engage à faire irruption en territoire turc et à envoyer au minimum 100.000 hommes de ses troupes mobilisées sur le théâtre des hostilités vers le Wardar.

Au cas où la Serbie se trouverait à ce moment (seule ou en commun avec la Bulgarie) déjà en guerre avec une autre puissance, elle s'engage à envoyer toutes ses troupes disponibles contre la Roumanie ou la Turquie.

Article 3

Dans le cas où l'Autriche-Hongrie attaquerait la Serbie, la Bulgarie s'engage à déclarer immédiatement la guerre à l'Autriche-Hongrie et à envoyer ses troupes, fortes de 200.000 hommes, sur le territoire serbe et à mener les opérations contre l'Autriche-Hongrie offensivement et défensivement en commun avec l'armée serbe.

Ces obligations de la Bulgarie en faveur de la Serbie restent opérantes aussi pour le cas où l'Autriche-Hongrie, après entente ou sans entente avec la Turquie, sous un prétexte quelconque, ferait pénétrer ses troupes dans le Sandschak de Novi-Bazar et forcerait par là la Serbie soit à déclarer la guerre à l'Autriche-Hongrie, soit à envoyer ses armées dans le Sandschak pour y défendre ses intérêts, en quoi faisant la Serbie provoquerait un conflit avec l'Autriche-Hongrie.

Dans le cas où la Turquie attaquerait la Serbie, la Bulgarie s'engage à pénétrer immédiatement en territoire turc et à envoyer en raison de l'article 1 de la convention sur le théâtre de la guerre du Wardar une armée d'au moins 100.000 hommes prélevés sur l'effectif des troupes mobilisées. Si la Roumanie attaquait la Serbie, la Bulgarie s'engagerait à prendre l'offensive contre l'armée roumaine, aussitôt que la Roumanie aurait franchi le Danube et pénétré en territoire serbe.

Si la Bulgarie, dans l'un des cas prévus dans cet article, se trouvait déjà, seule ou en commun avec la Serbie, en état de guerre avec une autre puissance, elle s'engage à prêter appui à la Serbie avec toutes les troupes dont elle pourrait encore disposer.

Article 4

Dans le cas où la Serbie et la Bulgarie, sur la base d'une entente préalable, devraient déclarer la guerre à la Turquie, chacun des alliés s'engage, au cas où il n'y aurait pas d'autres stipulations à ce sujet, à envoyer sur le théâtre de la guerre, sur le Wardar, une armée d'au moins 100.000 hommes, prélevés sur les effectifs des troupes mobilisées sur la base de l'article 1 de cette convention.

Article 5

Dans le cas où l'une des parties ayant contracté le traité déclarerait la guerre à une tierce puissance sans explication et entente préalable avec l'autre partie, l'autre partie se trouverait déliée des obligations de l'article 1 de cette convention; toutefois elle s'engage à observer pendant la guerre une bienveillante neutralité envers son allié et à mobiliser aussi immédiatement une armée d'au moins

50.000 hommes pour donner à son allié une liberté
de mouvement la plus grande possible.

Les autres articles concernent les questions militaires et d'armistice, de commandement en chef, de
subsistances, de transport des blessés, etc.

XIII. — *Télégramme du Ministre de Serbie à
Bucarest, au ministre des Affaires Etrangères
à Belgrade.*

13 novembre (anc. st.) 1912.

Les ambassadeurs de Russie et de France conseil-
lent, en tant qu'amis de la Serbie, de ne pas pousser les choses à l'extrême en ce qui concerne un
débouché sur l'Adriatique, car, si cela venait à provoquer des complications européennes, nous risque-
rions de perdre tous les énormes avantages que nous
avons obtenus jusqu'ici. Ils sont d'avis que l'on doit
se contenter d'une garantie d'exploitation libre et
illimitée d'un port sur l'Adriatique et que le temps
viendra où l'on en recevra un en toute-propriété. *Il
est préférable que la Serbie, qui deviendrait au
moins deux fois plus grande qu'elle ne l'a été jusqu'à présent, prenne des forces, se recueille et at-
tende, en se préparant le mieux possible, les événements graves qui doivent survenir entre les grandes
puissances.* Autrement l'Europe, si une guerre générale venait à se déclencher, rendrait la Serbie responsable de la catastrophe. L'ambassadeur russe a
l'impression que nos exigences déplaisent plus à

l'Italie qu'à l'Autriche, car l'Italie estime que, au moment favorable, il lui sera plus facile d'arracher à l'Autriche-Hongrie ce qui serait en sa possession que de l'enlever à nous-mêmes. Ce soir, à la réception diplomatique, le ministre des Affaires étrangères de Roumanie me parla dans le même sens, en répétant que nous ne devions pas nous exposer à sacrifier les grands résultats actuels qui faisaient de la Serbie un facteur avec lequel l'Autriche devrait compter d'une autre manière que jusqu'à présent.

XIV. — *Télégramme du Ministre de Serbie à Saint-Pétersbourg au ministre des Affaires Etrangères à Belgrade.*

27 décembre (anc. st.) 1912.

Le ministre après avoir rapporté sa conversation avec l'adjoint au ministre des Affaires étrangères, concernant la frontière serbo-albanaise, telle que la Russie avait l'intention de la proposer à la conférence des ambassadeurs de Londres, dit textuellement ce qui suit : « Je lui dis aussi à lui-même, comme je l'avais fait remarquer la veille au ministre des Affaires étrangères, que céder davantage dans cette question pourrait être fatal vu le mécontentement régnant déjà chez le peuple et dans l'armée. *Le ministre des Affaires étrangères m'avait hier répondu que, après nos grands succès, il avait confiance en notre force et qu'il croyait que nous ébranlerions l'Autriche. C'est pourquoi nous devions* actuellement nous contenter de ce que nous recevrions et ne le considérer que comme une étape, car l'avenir nous appartenait. Le principal était de s'unir avec le Monténégro. La Bulgarie par contre avait terminé sa mission ethnique.

XV. — *Lettre de l'empereur François-Joseph à l'empereur Nicolas II.*

1ᵉʳ février 1913.

Mon cher ami,

Je tiens pour mon devoir sacré de m'adresser, dans les temps critiques que nous traversons, directement à toi pour dissiper, en Russie, les malentendus qui, semble-t-il, sont en train de se développer au sujet de notre politique et pour mettre un terme à des fables qui pourraient nuire aux bonnes relations qui existent, par bonheur, entre nos deux pays. Dans ce but, j'ai chargé le prince Hohenlohe-Schillingsfürst, qui t'est personnellement connu depuis son séjour en Russie, de partir pour Saint-Pétersbourg pour te remettre cette lettre et pour te faire part de mes sentiments infiniment amicaux. Cela fut pour moi un gros chagrin d'apprendre que la politique de mon gouvernement qui, dès l'origine de la guerre, eut pour unique objet de ne pas ajouter de nouvelles horreurs aux troubles dont les Balkans ont été le théâtre, ait été accueillie ironiquement. Si nous nous sommes abstenus de toute ingérence dans le conflit, si nous avons obéi à l'appel des puissances de « discuter » en commun les questions auxquelles nous étions le plus intéressés, si enfin c'est uniquement l'esprit de conciliation qui nous a guidés pendant ces délibérations, c'est que nous avions le ferme désir d'éviter la plus légère cause de discorde entre nos deux empires. Tu connais toi-même la lourde responsabilité qui pèse sur nous quand il s'agit de sauver les intérêts de nos peuples à l'occasion d'une crise politique qui se déroule à proximité de nos frontières. Ce serait commettre un péché contre notre mission sacrée de ne pas nous rendre compte des contrecoups que pourraient produire sur nos pays des évolutions de ce genre. Si, soucieux des relations amicales avec la Russie, j'ai observé une attitude conciliante pendant la crise actuelle, j'ose espérer que tu apprécieras la mesure de mes efforts et que tu tireras profit d'une paix européenne et de la bonne harmonie entre nos deux peuples.

Je te prie de croire aux sentiments de sincère amitié de ton bon frère et ami.

François-Joseph.

XVI. — 1. — *Télégramme du ministre de Serbie à Saint-Pétersbourg.*

4 février (anc. st.) 1913.

... A cette occasion, le ministre des Affaires étrangères me dit que la Serbie était l'unique État dans les Balkans en lequel la Russie avait confiance et que la Russie ferait tout pour la Serbie...

2. — *Télégramme du ministre de Serbie à Saint-Pétersbourg au ministre des Affaires étrangères à Belgrade.*

29 avril/12 mai 1913.

De nouveau M. Sasonow me dit que nous devions travailler pour les temps futurs puisque nous recevrons beaucoup de territoire de l'Autriche. Je lui répliquai que nous donnerions volontiers Monastir (Bitolia) aux Bulgares, si nous recevions la Bosnie et d'autres territoires autrichiens.

XVII. — *Rapport de M. Vesnitch, ministre serbe à Paris, au Président du Conseil, M. Pachitch.*

27 mars (anc. st.) 1913. Pov. n° 177.

Monsieur le Président du Conseil,

Comme suite à mon dernier rapport de Londres, j'ai l'honneur de vous annoncer que, d'après les renseignements que j'ai puisés ici, ultérieurement, à des sources sûres, Sir Edward Grey a été pour ainsi dire forcé de tenir à la Chambre basse le discours que vous savez, l'Allemagne étant intervenue énergiquement à Londres (et aussi dans les capitales de la France et de la Russie). L'Allemagne a déclaré à Saint-Pétersbourg, presque dans les mêmes termes qu'en mars 1909, qu'elle tenait ferme pour l'Autriche et qu'elle ne saurait tolérer que la situation de ce pays fût encore davantage affaiblie en

Europe ! C'est cette déclaration qu'a répétée hier, bien qu'en d'autres termes, M. Bethmann-Hollweg au Reichstag à Berlin, ainsi que vous en avez déjà connaissance.

Une personnalité compétente, avec laquelle je me suis entretenu ces jours-ci confidentiellement à ce sujet, m'a communiqué que, vers le milieu de la semaine dernière, nous avons couru le danger immédiat d'une guerre européenne générale et que le motif pour lequel, au prix de certains sacrifices moraux, elle a été évitée pour le moment, *c'est qu'on désire entre autres donner la possibilité aux alliés balkaniques de se reposer, de se rallier et de se préparer à des éventualités qui pourraient se produire dans un avenir rapproché.*

En outre, j'ai appris également de source très sûre, que l'effet qu'aura produit sur l'opinion publique la présence du couple royal d'Angleterre à la noce de la fille de l'empereur d'Allemagne sera tôt compensé par une autre manifestation de la Triple Entente et que cette manifestation aura une portée politique beaucoup plus grande.

XVIII. — *Lettre personnelle de M. Sasonow à M. Hartwig, ministre de Russie à Belgrade.*

23 avril/6 mai 1913.

Je profite du départ de M. Strandmann (secrétaire de la Légation de Russie à Belgrade) pour vous écrire quelques lignes en complément aux instructions officielles qu'il vous remettra avant de

partir, si la rédaction en est déjà terminée. Je ne
puis vous dire combien la question des rapports
serbo-bulgares m'inquiète! Cette question est appelée
à jouer le rôle de pierre de touche de la maturité
politique des alliés balkaniques. Si ceux-ci venaient
à ne pas soutenir avec succès cette épreuve, il
en résulterait pour eux une situation intolérable,
et qui ne serait pas moins complexe pour nous.
Tous les efforts de l'Autriche, tendent au moment
actuel, à nous aliéner les Bulgares et à les isoler
des Serbes. Pour ces fins, les moyens dont use l'Autriche sont inépuisables. La psychologie des Bulgares vous est connue et vous ne vous étonnerez donc
point quand je vous dirai que l'Autriche a déjà obtenu quelques succès sous ce rapport. A Sofia, on
commence à se montrer méfiant à notre égard bien
qu'on y feigne compter sur notre appui pour mettre
un terme au conflit avec les Serbes, et cela malgré
les bruits répandus par les Autrichiens que la décision du litige donnerait indubitablement entière
satisfaction à la Serbie. Comme nous ne percevons
aucune autre issue pacifique, nous sommes absolument décidés à ne pas nous dérober au rôle d'arbitre qui a été attribué à la Russie par le traité
serbo-bulgare. La base de la décision à prendre se
trouve uniquement dans le texte du traité lui-même,
dont nous ne saurions nous écarter dans ses lignes
essentielles ; je me trouve encore raffermi dans cette
idée par les stipulations complémentaires, qui sont
parvenues dernièrement à ma connaissance, des
chefs des Etats-majors des deux armées. Je crains
que la désillusion ne gagne en Serbie du terrain après
le résultat de ses derniers efforts héroïques. Chez

ce peuple qui, de tous les peuples slaves, nous est le plus sympathique, semble se développer l'opinion que son néfaste destin laisse la Russie indifférente à son égard, etc. Un tel état d'esprit est excessivement périlleux et je vous prierais d'user de toute votre influence sur le gouvernement serbe et sur l'opinion publique, pour ne pas le laisser se développer. Etant donné la nouvelle situation dans les Balkans, il est impossible de parvenir à un accord complet entre la Serbie et la Bulgarie et les Serbes s'en rendent sûrement compte. En effet, par ses victoires, la Bulgarie a pleinement réalisé son idéal national. Elle ne saurait aller plus loin sans entrer en conflit avec des voisins beaucoup plus puissants. *La Serbie, au contraire, n'a encore parcouru que la première étape de sa marche historique et, pour en atteindre le but final, il lui reste encore à engager une terrible lutte qui pourra mettre en question son existence. La « terre promise » de la Serbie se trouve dans le territoire de l'Autriche actuelle et non là où tendent actuellement ses efforts et où elle se heurte aux Bulgares.* Dans ces circonstances il est, d'une part, de l'intérêt de la Serbie de *maintenir son alliance avec la Bulgarie* et, d'autre part, *de parvenir par un travail opiniâtre et patient au degré de préparation nécessaire pour la lutte future et inévitable. Le temps travaille pour la Serbie et contre ses ennemis, qui donnent déjà des signes visibles de désagrégation.* Expliquez tout cela aux Serbes ! *J'entends de tous côtés que s'il y a une voix quelconque qui soit influente à Belgrade, c'est la vôtre !* Dites aux Serbes à cette occasion que nous ne perdons pas de vue leurs intérêts et que nous

les appuyons énergiquement en Bulgarie. *Une rupture entre la Bulgarie et la Serbie serait un triom-
phe de l'Autriche. Son agonie en serait prolongée
pendant des années.*

XIX. — *Télégramme de l'empereur de Russie au roi de Bulgarie*

8 juin 1913.

Le projet d'une rencontre des premiers ministres
des quatre Etats alliés, à Salonique, qui pourrait
être suivie aussitôt d'une rencontre à Saint-Pétersbourg m'a vivement réjoui, ce projet semblant exprimer le vœu des Etats des Balkans de s'entendre
et d'affirmer l'alliance qui, jusqu'à présent, a produit de brillants résultats. Je fus cruellement déçu
en apprenant que ce projet n'est pas en passe d'être
exécuté et que les Etats balkaniques semblent se
préparer à une guerre fratricide, propre à ternir la
gloire qu'ils ont acquise en commun. Dans un moment si grave, je m'adresse directement à Votre
Majesté, comme j'y suis forcé par l'égal sentiment
de mes droits et de mes devoirs, le peuple bulgare
et le peuple serbe ayant, par leur traité d'alliance,
chargé la Russie de résoudre toutes divergences
d'opinion relatives à l'exécution des clauses du
traité et des stipulations qui s'y rattachent. Je prie
donc Votre Majesté de rester fidèle aux engagements
pris et de laisser à la Russie le soin de trancher le
différend qui existe actuellement entre la Bulgarie
et la Serbie,

Ne considérant pas les fonctions d'arbitre comme un privilège, mais comme un devoir auquel je ne saurais me dérober, *je crois devoir informer Votre Majesté qu'une guerre entre les alliés ne saurait me laisser indifférent. Je déclare donc catégoriquement que celui des deux États qui entreprendrait cette guerre en serait responsable vis-à-vis de la cause slave. Je me réserve toute liberté pour l'attitude que prendrait la Russie quant à l'issue d'une guerre aussi criminelle.*

XX. — *Rapport adressé de Saint-Pétersbourg par le président du Conseil des Ministres, M. Pachitch, sur son audience avec le tsar.*

2 février (anc. st.) 1914.

L'audience dura une heure entière. Le tsar me reçut dans son cabinet. Lorsque j'y pénétrai, il s'y trouvait déjà, et, à mon entrée, il vint à ma rencontre jusqu'à la porte et me tendit la main, sans attendre que je le saluasse, puis il m'invita à m'asseoir et s'assit également devant la table.

Avant tout, je le remerciai du grand bonheur que j'éprouvais d'avoir obtenu cette audience aux fins de lui exprimer personnellement la profonde reconnaissance du roi et du peuple serbe de l'assistance que nous avait accordée la Russie pendant toute la durée de la crise balkanique et de l'aide qu'elle nous avait donnée en montant la garde et en *empêchant ainsi l'ingérence de l'Autriche dans la guerre balkanique.* Le tsar répondit que la Russie

avait uniquement rempli son devoir slave en maintenant son armée à la frontière autrichienne, car
elle ne voulait pas permettre que l'Autriche empê-
chât la libération des Etats balkaniques. Je remerciai ensuite le tsar de la récente bienveillance qu'il
m'avait témoignée en me remettant l'Ordre d'Alexandre Newsky en brillants.

Là-dessus, j'exposai au tsar la politique de la Serbie qui consiste à maintenir la paix dans les Balkans et à éviter de nouvelles complications, car *la
Serbie a besoin de la paix pour se refaire et se préparer de nouveau à défendre ses intérêts.* J'exposai
aussi les difficultés auxquelles la Serbie se heurte
dans la poursuite de sa politique pacifique. La Bulgarie, la Turquie et l'Autriche sont mécontentes. La
Turquie, parce qu'elle a perdu la guerre avec les
Etats balkaniques, la Bulgarie parce qu'elle n'a pas
pu garder ou obtenir tout ce qu'elle voulait, et
l'Autriche parce qu'elle a perdu l'espoir d'une
avance vers Salonique. Voilà pourquoi la Turquie
ne veut pas conclure la paix avec la Serbie, pourquoi elle menace la Grèce et demande les îles, pourquoi elle entretient la tendance de l'Albanie à désirer un prince musulman, et pourquoi elle a conclu
un traité avec la Bulgarie. En tout cela, la Turquie
est soutenue par l'Autriche (le tsar ajouta : « et
aussi par l'Allemagne »). Si la paix pouvait aboutir,
nous nous efforcerions de travailler pour les buts
suivants :

1° La Grèce doit éviter un conflit avec la Turquie
et cela de telle sorte que celle-ci abandonne le règlement de la question des îles et des frontières de
l'Albanie méridionale aux grandes puissances, ainsi

que cela a été décidé par la conférence des ambassadeurs à Londres. Nous avons dû accepter les frontières de Londres et nous retirer de l'Albanie; le Monténégro a dû également accepter les décisions de la conférence de Londres et se retirer de Skutari. Il doit en être de même pour la Turquie. Si elle ne veut pas accepter les décisions de Londres, que les grandes puissances prennent l'affaire en mains et la forcent à accepter comme elles ont forcé le Monténégro à renoncer à Skutari et nous ont obligés, nous, de nous retirer en Albanie sur les frontières prévues par la conférence de Londres. Si toutes les grandes puissances n'étaient pas disposées à se charger de cette exécution, que les puissances de la Triple Entente, ou l'une d'entre elles, fassent comme l'Autriche, qui a obligé le Monténégro et nous d'accepter les décisions des grandes puissances. De cette manière la question litigieuse sera enlevée des mains de la Grèce et de la Turquie est remise entre celles des grandes puissances. Nous avons donné aux Grecs, nos alliés, ce conseil dans cette affaire, et ils l'ont accepté; même s'ils veulent obtenir davantage en Epire, ils ne pousseront pas le risque jusqu'à la guerre.

2° Le second moyen de maintenir la paix, c'est de ne consentir aucun emprunt à la Turquie ni à la Bulgarie, avant que toutes les questions soulevées par la guerre soient résolues.

3° Que toutes les grandes puissances occupent l'Albanie avec de petits contingents de troupes, y mettent de l'ordre et y maintiennent la paix; de cette façon, les éléments jeunes-turcs et les comitadschis seront empêchés de provoquer des désordres et de l'agitation révolutionnaire contre la Serbie et la Grèce. De cette façon également, on éviterait une occupation en commun par l'Autriche et l'Italie, qui compromettrait encore davantage la paix parce que les deux puissances provoqueraient une agitation contre la Serbie et la Grèce, d'une part en nous engageant à rechercher leur amitié, d'autre part en excitant les éléments turbulents contre nous et en montrant ainsi qu'elles se tiennent du côté de l'irrédentisme albanais.

4° Le quatrième moyen serait d'induire la Roumanie à se placer d'une façon plus décidée de notre côté et à déclarer à la Turquie et à la Bulgarie qu'elle ne saurait rester neutre si la paix était menacée et les clauses du traité de Bucarest remises en question.

Tels sont les buts à la réalisation desquels il faut travailler énergiquement et qui peuvent contribuer beaucoup au maintien de la paix.

Le tsar répondit qu'on a confiance dans le nouveau gouvernement roumain, qui s'attacherait de lui-même étroitement à la Russie; il croit que la paix de Bucarest ne sera pas remise en question, mais il admet qu'on doit être vigilant à cet égard. A ce propos, je mentionnai que j'avais eu, pendant mon séjour à Bucarest, une conversation avec M. Bratianu, alors ardent partisan d'une alliance avec la Grèce et la Serbie; j'avais l'intention de rentrer en Serbie par Bucarest pour voir si M. Bratianu était toujours du même avis. *Le tsar m'approuva, ajoutant qu'il y avait en Autriche-Hongrie trois millions et demi de Roumains désirant s'unir à la Roumanie.* Je lui dis à ce sujet que les Roumains de Transylvanie étaient plus nationalistes que ceux mêmes de Roumanie;

le roi Charles m'avait déclaré que l'opinion publique roumaine avait évolué vers l'idée d'un rapprochement de la Roumanie avec les Etats balkaniques, ce dont il devait tenir compte. Il avait aussi mobilisé et engagé l'armée roumaine afin de sauvegarder l'équilibre des Balkans et d'obtenir de meilleures frontières dans la Dobrudscha.

Là-dessus, je mentionnai que nous étions informés de divers côtés que la Turquie avait conclu une alliance avec la Bulgarie, suivant laquelle celle-ci autorise l'armée turque à attaquer la Grèce à travers le territoire bulgare, en retour de quoi la Turquie céderait à la Bulgarie ce qu'elle recevrait de la Grèce en échange de la session de la Thrace. Le tsar dit que lui aussi en avait ouï parler, mais qu'il doutait de la réalité de ces faits; cependant, il se pourrait qu'il y eût quelque chose de vrai dans tout cela, car on n'avait pas encore fixé les frontières bulgaro-turques en Thrace; toutefois, il ne pouvait croire que la Bulgarie participerait d'une façon active au conflit, car elle était trop épuisée et son peuple était peu disposé à une action militaire. Quant à l'occupation de l'Albanie par des troupes internationales, il dit qu'elle était possible pourvu que les autres puissances y consentissent. Ce qui l'étonnait, c'est que le prince de Wied se fût laissé nommer prince de l'Albanie, puisque l'Albanie, à son avis, n'était pas viable et devait être partagée entre la Grèce et la Serbie. Peut-être l'Albanie deviendra-t-elle une pomme de discorde entre l'Autriche et l'Italie. Là-dessus j'émis l'opinion que l'Italie et l'Autriche étaient en querelle depuis longtemps qu'elles s'étaient alliées uniquement par crainte d'un conflit armé et qu'il était probable que, dans le cas présent aussi, elles ont décidé une occupation en commun de Valona pour des raisons analogues.

Puis j'orientai la conversation sur les livraisons d'armes de l'Autriche à la Bulgarie, de fusils principalement et de munitions de ses dépôts; la Bulgarie a aussi reçu des canons. De nouveau le tsar observa que l'Allemagne aussi avait appuyé la Bulgarie. *Je sollicitai de lui que la Russie voulût bien également nous aider en nous livrant 120.000 fusils, des munitions et quelques canons, disponibles dans les dépôts, particulièrement les obusiers que* la Turquie intercepta au cours de leur transport, en vue de la guerre. Nous paierions pour tout ce dont nous avons besoin et nous le rendrions dès que nous aurions reçu ce que nous avons commandé. Le tsar me demanda si j'avais parlé de cela avec l'un des ministres russes. Je répondis que j'en avais parlé avec le ministre de la Guerre, M. Suchomlinow, et avec Sazonow et que le ministre de la Guerre m'avait dit que cela pourrait se faire s'il n'y avait pas d'objection politique. *A ce propos, je dis au tsar que nous étions bien heureux que la Russie se fût si bien préparée; cela nous inspire de la sécurité et l'espoir d'un meilleur avenir. Le tsar dit qu'on avait beaucoup fait, et qu'on faisait encore du mieux que l'on pouvait.* C'est pourquoi les établissements russes ne pourraient se charger de la fabrication de matériel de guerre pour nous.

En conclusion de tout cela, je dis au tsar qu'aussitôt après mon retour de Zarskoye Selo, je donnerais à M. Sasonow une liste de ce dont nous avions besoin. Il dit que cela serait bien, car il doit rece-

voir M. Sasonow demain et il verra ce que nous
sollicitons. On fera tout pour améliorer notre situation. Il demanda ce dont nous avions besoin; j'indiquai ce que j'avais noté sur la note que j'avais
préparée pour M. Sasonow.

Puis la conversation s'étendit au Monténégro, à
la Bulgarie et à l'Autriche. A propos du Monténégro, le tsar me dit qu'il savait que là-bas tout le
peuple était pour nous et désirait s'unir à nous. Je
lui racontai ce qui s'était passé durant la guerre et
plus tard et ce qu'en dit le ministre monténégrin Mijuscovitch à Belgrade. Mijuscovitch, ajoutai-je, en
parlerait avec le roi et lui conseillerait de favoriser
lui-même, pendant qu'il en était encore temps, le
projet d'union personnelle avec la Serbie, car, après
sa mort, la chose pourrait devenir difficile et dangereuse pour toute la dynastie.

Le tsar critiqua très violemment l'attitude du
Monténégro, dit que le Monténégro n'agissait pas
franchement, qu'il s'entendait aussi actuellement
avec l'Autriche et que pas plus tard que la veille il
avait appris de son ministre que le Monténégro
avait en tête une intrigue contre la Serbie et sa
dynastie; il fallait donc faire attention qu'il ne com-
mît quelque mal. Lui aussi considère l'union de la
Serbie au Monténégro comme une question de temps
qui doit être résolue avec le moins d'ébranlement et
de bruit possible. Je lui dis que nous aussi étions
pour l'union, mais que nous avions déclaré à Miju-
covitch que nous ne pouvions soulever cette question, étant les plus forts, car on pourrait dire que
nous aurions fait acte de violence; nous attendrons
donc que le Monténégro nous la propose et alors

nous l'accepterons, en faisant en sorte que l'existence
de la dynastie monténégrine soit assurée.

Puis nous discutâmes de l'armée du Monténégro,
de sa préparation défectueuse et de ses échecs, qui
induisirent à l'union le peuple monténégrin, parce
qu'il se rendit compte de l'énorme différence existante entre l'armée monténégrine et l'armée serbe
et du fait que nous leur avions cédé plus de territoire qu'ils n'en avaient gagné.

Ensuite nous parlâmes de la Bulgarie et de son
roi. Le tsar condamna formellement le roi Ferdinand de s'être placé sous l'influence de la politique
autrichienne et d'avoir commencé la guerre contre
la Serbie, mais Dieu l'avait puni. Le tsar croit que
le roi aura de la peine à se maintenir sur le trône,
car le peuple est contre lui ; cependant, tant que le
gouvernement actuel sera au pouvoir, il pourra se
maintenir par la force. Je racontai au tsar ce que
les prisonniers bulgares avaient dit quand on leur
demanda pourquoi ils faisaient la guerre contre leurs
frères et alliés : ils affirmèrent que ce n'était pas
eux qui avaient voulu la guerre mais le roi, car il
n'était ni orthodoxe ni slave. Le tsar dit que ce
jugement était parfaitement juste. J'ajoutai à mon
tour que, de notre côté, nous ne devions pas garder
rancune aux Bulgares, mais considérer combien
l'union de la Serbie et de la Bulgarie serait utile
aux deux peuples ; peut-être le temps viendra-t-il,
où l'on pourrait encore, *accorder quelques concessions à la Bulgarie, si elle consentait à aider à la
solution de la question serbo-croate.* Le tsar demanda sur ce, combien de Serbo-Croates habitaient
l'Autriche et qu'étaient leurs pensées et désirs ac-

tuels. Je lui répondis qu'il y en avait plus de six millions et je lui indiquai où ils vivaient. Je lui dis aussi à propos des Slovènes que ceux-ci gravitent vers les Serbo-Croates et qu'ils s'approprieront la langue serbo-croate, parce que leur idiome ne vaut pas grand chose et qu'ils ont perdu depuis longtemps leur indépendance nationale. J'ajoutai qu'il y avait justement en ce moment à Saint-Pétersbourg un Slovène qui travaille à la fondation d'une banque yougo-slave et qui veut gagner à son projet les banques russes. Cela fit grand plaisir au tsar qui remarqua combien il serait nécessaire que les banques russes s'intéressassent davantage aux pays slaves ; il serait excellent que *M. Hribar* réussît dans sa mission.

Ensuite je racontai au tsar quel changement s'était accompli chez les Slaves de l'Autriche-Hongrie et combien de partisans de Startchévitch qui, autrefois, attendaient leur salut de l'Autriche, à présent comprennent que ce salut ne peut leur venir que de la Russie ou de la Serbie ; ils ont à peine la patience d'attendre le moment de voir leurs vœux se réaliser ; *je dis aussi au tsar que nous aurions autant de soldats de ces pays que nous disposerions de fusils.*

Le tsar déclara lui-même aussi que l'Autriche traite mal les Slaves, cita les méthodes austro-hongroises et plaignit cette fraction malheureuse du peuple russe, qui subit des persécutions à cause de sa foi. Si l'Autriche ne met pas un terme à sa politique anti-slave, cela finira mal. Puis il me demanda combien la Serbie pouvait actuellement mettre de soldats sur pied. La Serbie, dit le tsar, a étonné le monde en faisant marcher 400.000 hommes. Je répondis : Nous croyons pouvoir mettre sur pied un demi-million de soldats bien vêtus et bien équipés. C'est suffisant, ce n'est pas une bagatelle, et on peut faire beaucoup de choses avec cela.

Puis nous convînmes de ce qui suit : nous devions préserver notre alliance avec la Grèce, car, abstraction faite d'autres considérations, elle sauvegarde nos exportations et nos importations. En outre nous devions tâcher d'aboutir également avec la Roumanie à une alliance sur une base plus large et non uniquement sur l'assurance de la paix de Bucarest, etc.

Puis je fis allusion en ces termes à la question du mariage de notre prince héritier : « Je prie Votre Majesté de bien vouloir me permettre de lui exprimer un vœu et une prière de notre roi et de bien vouloir me pardonner si je le fais. Notre roi désire marier son fils à l'une des grandes duchesses. Son devoir envers son pays et envers son successeur le pousse à exprimer ce vœu par mon intermédiaire à Votre Majesté, car il est persuadé que personne n'en saura ni n'en entendra parler. Dans le cas où Votre Majesté estimerait pour une raison quelconque que cela ne peut se faire, le roi n'en conserverait pas moins sa sympathie envers la Russie et sa fidélité à la politique slave et il aurait le sentiment d'avoir accompli son devoir envers la Serbie et la Russie. » Le tsar répondit en souriant que la requête du roi ne lui déplaisait pas et qu'il ne le considérait nullement comme inconvenant; mais il avait pour principe de laisser ses enfants décider selon leur cœur et il ne voulait pas les influencer dans le

choix de leur futur époux. Lui aussi était d'avis
que cette affaire devait rester secrète. Il avait
remarqué que le prince héritier, lors d'un dîner de
famille, avait regardé la grande-duchesse à plusieurs
reprises tout en s'efforçant de faire en sorte que
personne ne s'en aperçût. Il trouvait le prince héritier habile et brave, car il ne gasconnait pas en parlant de ses aventures de guerre. Là-dessus, je le
remerciai et je promis de ne raconter à personne,
pas même au roi, ce que le tsar avait dit; seul le
prince en serait informé. Le tsar observa que, pendant son séjour ici, le prince héritier n'avait fait
aucune allusion à ces choses : je répondis qu'il
avait craint d'essuyer un refus.

Puis nous parlâmes d'autres choses après que
j'eus dis : « S'il nous était réservé d'avoir pour
reine une fille de l'empereur de Russie, *elle jouira
de la sympathie du peuple serbe tout entier et elle
pourra devenir, si Dieu et les circonstances le permettent, la tsarine de tous les Slaves du Sud. Son
influence et son éclat s'étendront sur toute la péninsule des Balkans.* »

Le tsar écouta mes paroles avec une joie visible.
L'impression de cet instant fut bonne. Je ne remar-
quai rien qui parût indiquer que le sujet eût été désagréable au tsar. J'ajoutai : « Le prince héritier peut
rester encore quelques jours ici; car aucune affaire
pressante ne l'appelle. Quant à moi, je dois partir
vendredi prochain. » Le tsar répondit : « Il peut,
oui, il peut encore rester ici, il y a de nombreuses
relations et peut dépenser agréablement son temps. »

Je dis cela au tsar pour que le prince héritier eût
encore le temps et l'occasion de se montrer quelque-

fois avec le tsar et avec ses filles. Je ne demandai
pas quand nous recevrions la réponse du tsar, je
tins pour superflu de m'enquérir de quelle façon le
tsar répondrait. S'il reçoit une réponse satisfaisante
de sa fille, il trouvera facilement de lui-même les
voies et moyens d'une réponse; il lui serait facile
aussi de faire appeler le prince héritier et de lui dire
son opinion. Quand je partis, l'empereur m'accom-
pagna jusqu'à la porte, me pria, avec insistance et
à plusieurs reprises de porter au roi ses salutations
et non seulement les siennes, mais celles aussi de la
tsarine et de sa famille; il souhaita aussi au roi une
bonne santé.

« Pour la Serbie, nous ferons tout; saluez le roi
et dites-lui (en russe) : « *Pour la Serbie, nous ferons
tout*[1] ! »

XXI. — *Rapport du chargé d'affaires de Russie,
M. Obnorski, à Cétinje, au ministre des Affaires étrangères à Saint-Pétersbourg.*

10 février 1914.

Par ordre du 28 novembre de l'année dernière,
n° 1002, Votre Excellence a daigné me communiquer
que le gouvernement impérial a décidé de continuer
à accorder sur de nouvelles bases au Monténégro
l'appui militaire russe et l'aide d'une instruction
militaire élaborée par nos ministères des Affaires
étrangères et de la Guerre. Je n'ai pas manqué de

1. Reproduction *in extenso*.

communiquer au roi Nicolas cette décision qu'il attendait depuis longtemps avec impatience. Il se déclara entièrement prêt, comme j'ai eu l'honneur de vous le faire savoir par mon rapport du 15 décembre, n° 57, tout en exprimant au gouvernement impérial sa sincère et profonde gratitude, à se soumettre à toutes les conditions que la Russie imposerait au Monténégro. Par le nouvel ordre de Votre Excellence du 23 janvier, n° 61, parvenu ces jours-ci, m'a été communiquée l'évaluation des dépenses, établie par notre ministère de la Guerre, pour l'appui militaire du Monténégro, dépenses qui me paraissent un peu trop élevées. Selon les calculs de nos autorités militaires, ces dépenses se monteraient annuellement à quatre millions de roubles pour l'entretien et l'équipement de l'armée et de 500.000 roubles pour les instructeurs. En outre sont prévus 15 millions de roubles pour les fournitures d'artillerie et de matériel de guerre aux troupes monténégrines. Ces chiffres sont si importants que le ministère de la Guerre a tenu pour nécessaire de faire ressortir qu'il était exclusivement difficile pour la Russie d'accorder un appui militaire au Monténégro sur de nouvelles bases et qu'il paraît être revenu à son ancienne idée de renoncer à un appui militaire et à un envoi d'instructeurs au Monténégro et de remettre ces tâches aux Serbes. Mais, abstraction faite de ce que le gouvernement impérial a déjà pris dans cette question une décision décisive qui a été communiquée au roi Nicolas, la transmission des fonctions d'instructeurs aux Serbes est — étant donné la situation politique actuelle — absolument impossible. Car, outre la résistance énergique de la part

de la maison royale du Monténégro qui, dans ces
conditions, aurait le droit de douter de son existence politique, l'admission des Serbes dans l'armée
monténégrine provoquerait le plus grand embarras
à l'Autriche, qui ne pourrait pas laisser la Serbie
s'emparer sans coup férir de la direction des affaires du Monténégro. Cette direction serbe du Monténégro, se réalisera indubitablement d'elle-même
par confusion des frontières. C'est à quoi s'attend également comme j'ai eu l'honneur de vous en
informer, l'Autriche, bien qu'elle tâche, du mieux
qu'elle peut, de prévenir une situation de ce genre
jusqu'au moment où elle aura trouvé les moyens de
délimiter ses intérêts. A ce point de vue, notre présence au Monténégro en qualité de guide, avantageuse
pour notre prestige, qui assure la fusion pacifique
de la Serbie et du Monténégro, si elle doit avoir lieu,
qui de plus est considérée par l'Autriche comme le
moindre de deux maux et sert de régulateur au *statu
quo* dans cette partie de la péninsule balkanique,
notre présence, dis-je, est désirable, non seulement
pour l'Autriche, mais encore, ainsi que le sait Votre
Excellence, pour les autres grandes puissances et
particulièrement pour l'Italie (Voir le rapport sur
la conversation de M. San Giuliano avec M. de Giers,
qui a été communiqué par lui à Votre Excellence
dans le rapport du 21 octobre de l'année dernière).
Désirant obtenir des éclaircissements aussi précis
que possible sur le côté financier de la question, je
priai le ministre monténégrin de la Guerre de me
communiquer un projet de budget, établi sur les
nouvelles bases, et tenant compte tant de la nouvelle augmentation du contingent des troupes que

de l'appui russe désiré pour les besoins militaires du pays. En vous soumettant ci-joint le projet ci-dessus et celui visant l'organisation de l'armée, je me permettrai d'en énumérer les dispositions suivantes : On a prévu la formation de six divisions avec des effectifs, en temps de paix, du double des contingents actuels, c'est-à-dire allant jusqu'à 6.000 hommes en cadres permanents, qui pourraient être portés, en cas de guerre, en les complétant par des miliciens, jusqu'à 50.000 ou 60.000 hommes. Ce chiffre est parfaitement possible, étant donné que la population du pays a plus que doublé, même sans comprendre les Albanais. On aura donc 6.000 hommes en temps ordinaire. Le budget afférent aux nouvelles formations des troupes s'exprime, selon mes indications, par deux chiffres : minimum 7 millions et demi, et maximum 9 millions et demi de couronnes. Ajoutons que le montant du minimum, pour lequel le gouvernement monténégrin participe annuellement pour deux millions, est, selon l'avis des personnes qui ont établi le budget, absolument suffisant pour couvrir toutes les dépenses nécessaires à l'entretien de l'armée. Une telle répartition est parfaitement admissible pour le gouvernement monténégrin, car les revenus de l'État se sont élevés cette année à 9 millions et demi de couronnes. Cinq millions et demi de couronnes seraient donc à notre charge, c'est-à-dire un peu plus de deux millions de roubles. Dans le projet, est également prévu l'organisation de l'artillerie et d'autres troupes techniques, ce qui donne la possibilité à notre organisation militaire de calculer les dépenses pour ceux des armements de l'armée, qui seraient à exécuter non en

une seule fois, mais dans le courant des années
prochaines; par là seraient sensiblement soulagées
nos charges financières d'équipement technique de
l'armée monténégrine. Touchant le nombre des instructeurs, on propose de le fixer à 17 officiers et
79 sous-officiers. En terminant, je m'arrêterai sur
les tentatives réitérées de M. Pachitch — tentatives
mentionnées dans l'ordre de Votre Excellence — de
faire entrer au moins quelques sous-officiers serbes
dans l'armée monténégrine. Ces tentatives me paraissent très étranges, après que M. Pachitch a ap-
prouvé nos motifs concernant la nécessité d'organiser l'armée monténégrine avec notre participation
(voir le télégramme de M. Hartwig du 17 novembre
1913, n° 1390) et tout à fait inexplicables de la part
d'un homme aussi expérimenté en affaires politiques
que l'est le chef du cabinet de Belgrade, qui doit
savoir combien difficile est la réalisation de son
idée, étant donné la constellation politique actuelle,
à moins peut-être qu'avec *la perfidie et l'indifférence*
quant aux choix des moyens, propres aux politi-
ciens d'Orient, il ne compte exploiter notre puis-
sant appui dans un combat inévitable et certaine-
ment prématuré de la Serbie contre la monarchie
autrichienne. Le rapport que j'ai adressé à Votre
Excellence en janvier vous a dit que je suis un partisan convaincu d'un appui efficace *en faveur du*
royaume de Serbie, réveillé à l'action. Or c'est jus-
tement pour cette raison que je tiens pour nécessaire
de mettre en garde tant la Russie que le Monténé-
gro, qui lui est apparenté, à l'égard des plans pré-
maturés de leurs politiciens. Même si ces visées sont
conçues d'une façon raisonnable et intelligente ;

comme celles de M. Pachitch, elles se distinguent
presque toujours par un manque de largeur de
vues, effet d'un certain provincialisme dans les
idées politiques, qui est coutumier aux politiciens
des petits États. J'incline aussi à expliquer par ce
provincialisme le fait, que j'ai observé maintes fois,
que même les meilleurs diplomates des Balkans sont,
sous le rapport intellectuel, bien inférieurs à des diplomates européens médiocrement doués. C'est pourquoi les grandes puissances ne devraient jamais,
quand elles prêtent aide et appui à de petits États
— ainsi que le fait toujours notre pays — *laisser
échapper de leurs mains la direction et l'initiative*[1].

XXII. — *Télégramme du tsar au prince héritier de Serbie.*

27 juillet 1914.

Votre Altesse Royale, en s'adressant à moi dans un
moment extraordinairement critique, ne s'est pas
trompée sur les sentiments que j'éprouve pour Elle,
pas plus que sur l'affection cordiale que je porte
au peuple serbe. La situation actuelle attire sur
elle ma plus sérieuse attention et mon gouvernement
fait tous ses efforts pour écarter du chemin les difficultés existantes. Je ne doute pas que Votre Altesse
et le gouvernement royal ne soient pénétrés du désir de faciliter à tout prix cette tâche et d'arriver à
une solution qui, tout en maintenant la dignité de

---

1. Reproduit *in extenso*.

la Serbie, empêcherait les horreurs d'une nouvelle guerre. Tant que subsistera le moindre espoir d'empêcher le sang de couler, tous nos efforts doivent être dirigés vers ce but. Mais si, contre nos vœux les plus sincères, nous ne devions pas y réussir, Votre Altesse peut être assurée que dans aucun cas la Russie ne restera indifférente au sort de la Serbie.

XXIII. — *Rapport du chargé d'affaires de Russie à Belgrade (livre orange russe, p. 57).*

29 juillet 1914.

Je communiquai la réponse télégraphique de Sa Majesté au prince héritier Alexandre à M. Pachitch qui, après l'avoir lu, se signa et dit : « Grand Dieu, le tsar est grand et bon. » Puis il m'embrassa, incapable de dominer son émotion.

XXIV. — *Réponse télégraphique du prince héritier de Serbie à l'empereur de Russie.*

29 juillet 1914.

Profondément touché par le télégramme dont Votre Majesté a bien voulu me gratifier hier, je me hâte d'exprimer ma reconnaissance de tout mon cœur à Votre Majesté. Je prie Votre Majesté d'être assurée que le traitement cordial dont mon pays a été l'objet de la part de Votre Majesté nous est tout particulièrement précieux et remplit notre âme de l'espoir que l'avenir de la Serbie, puisqu'elle est devenue l'objet de la sollicitude bienveillante de Votre Majesté, est assuré. Les temps difficiles actuels doivent rendre plus étroits les liens d'amitié qui unissent la Serbie à la sainte Russie slave et les sentiments d'une profonde gratitude pour le secours et la protection de Votre Majesté resteront comme un sanctuaire dans les âmes de tous les Serbes.

XXV. — *A propos de la question des responsables de la guerre, par M. Pokrowski (Moscou)* [1].

Les Alliés ont vaincu l'Allemagne et se préparent à la juger pour cette guerre. Ils entendent non seulement être plus forts, mais encore plus dans le droit que l'ennemi vaincu. Dans le monde entier la télégraphie sans fil annonce au naïf lecteur de journaux la découverte du complot austro-allemand contre la paix mondiale. On indique le mois et le jour de la naissance du complot, c'est-à-dire le 5 juillet 1914. Les « révolutionnaires », s'il m'est permis de m'exprimer ainsi, commencent à appuyer les impérialistes ivres de leur propre vertu. Dernièrement, c'est Kurt Eisner, bien connu par son opportunisme, qui dénonça la culpabilité indubitable de l'empereur et de son gouvernement de l'effusion de sang qui, pendant quatre ans, a déshonoré l'Europe. Cela serait une tâche ingrate de vouloir complètement absoudre l'empereur Guillaume. La clique impérialiste de

1. Extrait des archives secrètes de la Russie. Publié dans le journal la *Pravda* du 5 février 1919.

l'Allemagne ne visait pas moins que n'importe quelle autre à ce massacre, mais elle n'y visait pas davantage non plus. C'est à quoi devront penser toutes les petites gens qui seront admises au tribunal. Ce n'est pas un impérialisme plutôt qu'un autre qui fut coupable de cette effusion de sang, ce fut l'impérialisme en général, l'impérialisme français, anglais ou russe, dans une mesure non moindre que l'impérialisme allemand ou autrichien. Les pages qui vont suivre constituent une tentative de rappel de cette vérité élémentaire.

La révolution d'octobre a mis entre les mains du gouvernement prolétaire des documents [1] qui compromettent de la pire façon et dans tous les domaines le régime bourgeois, notamment sur le terrain des relations internationales.

Ces documents sont déjà partiellement publiés, mais ils sont loin de l'être tous et peut-être les plus intéressants ne le sont-ils pas encore. Ce sont avant tout des traités secrets qui ont été livrés à la publicité. Certainement ils ont leur importance, *mais plus importante encore est la correspondance par laquelle, dans le monde bourgeois, on fraie la voie à de tels traités secrets.* Un heureux hasard nous a conservé les originaux de lettres confidentielles qu'échangèrent les ambassadeurs de Russie, à Paris et à Londres, avec leur chef, le leader officiel de la politique extérieure de l'empire des Romanow, le ministre Sasonow. Ont été conservés éga-

---

1. Aussi publiés en grande partie par les journaux russes. Voir maintenant surtout le livre de Siebert et le Livre noir.

lement — au moins en partie — les télégrammes secrets, comme les rapports non moins secrets de Sasonow au tsar. Tous ces rapports jettent une clarté extra-lumineuse sur la préparation de la guerre du côté de l'Entente et prouvent d'une façon irréfutable que, devant l'histoire impartiale, non seulement Guillaume et Bethmann-Hollweg, mais aussi Lloyd George, Grey, Poincaré et Sasonow auront leur place réservée au banc des accusés.

« Le complot contre la paix mondiale » ne date certainement pas du 5 juillet 1914, ainsi que voulut le faire croire dernièrement à l'univers un radiogramme de Lyon, mais il lui est bien antérieur. *Il remonte à l'année 1908,* quand l'annexion de la Bosnie et de l'Herzégovine par l'Autriche-Hongrie fut précédée d'une sorte d'arrangement entre Iswolski, alors ministre des Affaires étrangères de Russie, et Æhrenthal, ministre de l'Autriche-Hongrie, au sujet des détroits qui relient la mer Noire à la Méditerranée.

Le texte de cet arrangement ne nous a pas été conservé dans les papiers d'Iswolski, mais nous possédons une lettre de lui au tsar. De cette lettre il appert qu'Æhrenthal menaça son collègue russe de la publication du texte de leur accord. La menace était si terrible qu'Iswolski, pour éviter un scandale, préféra démissionner ; de ministre, il se transforma en ambassadeur de la Russie à Paris, mais, là-bas également, il resta le leader effectif de la politique extérieure russe avant la guerre.

Deux ans plus tard les « Détroits » apparurent d'une façon plus définie sur la scène diplomatique. Le 24 octobre 1909, à l'occasion de la visite de Nicolas à Victor-Emmanuel à Racconigi, on conclut un traité, dont voici le dernier paragraphe :

« L'Italie et la Russie s'engagent à observer une attitude réciproque bienveillante, la première envers les intérêts russes dans la question des Détroits, la deuxième envers les intérêts des Italiens en Tripolitaine et en Cyrénaïque. »

Ce que cela signifiait, c'est ce que nous comprendrons en nous souvenant qu'une année après Racconigi éclata la guerre entre la Turquie et l'Italie à cause de Tripoli. Or comme la paix de l'Europe fut troublée d'abord par la guerre italo-turque (les guerres précédentes, la guerre hispano-américaine, la guerre des Boërs et la guerre russo-japonaise se déroulèrent au dehors de l'Europe) et que, depuis, les troubles, s'élargissant sans cesse, formèrent une chaîne ininterrompue, on ne peut méconnaître l'importance du traité de Racconigi. Cependant, tandis que l'activité de l'Italie était visible à tous les yeux l'activité d'Iswolski à Paris, tout en restant occulte, fut par ses conséquences d'une importance bien plus grande.

Dès le début de la guerre italo-turque, Iswolski écrivait :

«Dès à présent nous ne devrions pas nous préoccuper uniquement de la meilleure manière de maintenir la paix et l'ordre dans la presqu'île balkanique, mais encore de tirer le plus grand profit possible pour nos propres intérêts des événements qui vont se dérouler.

« En outre, je me permets de faire remarquer qu'on devrait s'assurer sous une forme ou sous une autre d'une déclaration de l'Italie afin qu'elle se

trouve, — puisqu'elle réalise actuellement ses aspirations sur Tripoli prévues dans notre accord — liée
vis-à-vis de nous dans la question des Détroits »
(13/26 septembre 1911).

Il ne fut pas nécessaire de revenir deux fois à la
charge à ce sujet auprès du cabinet de Saint-Pétersbourg.

« Je suis bien aise, lisons-nous dans une des lettres suivantes d'Iswolski (25 sep./9 oct.), que mon
idée de la consolidation des obligations de l'Italie
pour ce qui concerne les Détroits ait trouvé votre
approbation. » Cependant, dans la lettre suivante
(29 sept./12 oct.), nous constatons déjà des préoccupations d'ordre pratique sur la « technique » de l'affaire.

« Si effectivement nous nous décidions à soulever
maintenant la question des Détroits, il importe avant
tout que nous nous occupions d'avoir ici « une
bonne presse ». Malheureusement, je suis dépourvu
pour l'instant du levier principal; tous mes efforts
persévérants pour me procurer des fonds pour la
presse étant restés vains. Je ferai naturellement tout
ce qui dépendra de moi, mais ceci est justement
une de ces questions dans laquelle l'opinion publique est, par ancienne tradition, plutôt contre nous.
L'affaire de Tripoli est un exemple de quelle utilité
il est ici de prodiguer de l'or pour la presse. Je sais
pertinemment que Tittoni a travaillé à fond et de
façon très large les principaux journaux français.
Les résultats en sont ostensibles. »

Or la possession des Détroits n'était pas si facile
à obtenir que celle d'un Tripoli quelconque. Les Détroits, cela signifiait « Constantinople » et « Constantinople, c'est la domination du monde », a dit

une fois Napoléon. Pour attraper un si gros morceau,
il fallait des alliés ; aussi les instigateurs de l'entreprise ne tardèrent-ils pas à s'occuper de cette question. En première ligne et pour ainsi dire tout naturellement venait comme alliée la France qui, dès
longtemps, était liée à la Russie par toutes sortes
d'engagements et de conventions. Mais la France
se considérera-t-elle aussi comme engagée vis-à-vis
de la Russie dans la question de la mainmise sur
Constantinople ? Voilà ce qu'Iswolski ne sut affirmer au premier abord.

« Je tiens pour probable que le gouvernement
français montrera quelque crainte à nous accorder
un engagement absolu dans le sens de la reconnaissance de notre pleine liberté d'action dans les Détroits, et qu'il nous invitera à préciser davantage
nos prétentions en se contentant au début d'une va-
gue formule quelconque », voilà ce que nous lisons
dans une lettre du 10/23 novembre de la même année. A la tête du gouvernement français se trouvait alors M. Caillaux, peu enclin à des aventures
belliqueuses, et, comme ministre des Affaires étrangères, M. de Selves, qui s'occupait de la question
du Maroc et sous lequel il était absolument « inutile
de vouloir traiter avec la France des questions de
politique générale ».

La situation changea brusquement, dès que ces
deux postes de président du Conseil et de ministre
des Affaires étrangères se trouvèrent réunis en la
personne de M. Poincaré, actuellement président de
la République française. Dès que ce changement eut
eu lieu, les lettres de M. Iswolski changèrent brusquement de ton.

M. Poincaré m'a demandé à maintes reprises ce que je savais sur l'échange de vues au sujet des affaires balkaniques, qui aurait eu lieu selon les journaux et selon des nouvelles provenant d'autres sources entre vous et le cabinet de Vienne. En même temps il m'a rappelé qu'il était prêt à entrer en pourparlers à chaque minute avec nous sur cette question et il me fit entendre qu'il s'attendait de notre part à être mis en courant également de nos pourparlers avec Vienne, comme il l'avait été par le cabinet de Londres après le voyage à Berlin de lord Haldane. Je vous écris tout cela en toute franchise car j'estime que pour vous il est de la plus haute importance d'apprécier les intentions et les directives posées par M. Poincaré à son entrée en charge et de les appuyer. Le président du Conseil et ministre des Affaires étrangères actuel est une personnalité proéminente et de tout premier ordre, et son cabinet offre la plus forte coordination comme pour une longue suite d'années (lettre du 15/29 février 1912).

Quelques mois plus tard, nous lisons dans une lettre du 5/18 juillet que « pour cette année, la conférence habituelle entre les chefs des Etats-majors des armées russe et française serait complétée pour la première fois par de semblables délibérations entre les chefs des deux Etats-majors de la marine. » Les résultats en furent de suite brillants.

« Le prince Liven (amiral russe et chef d'Etat-major de la marine) m'a dit, écrit Iswolski dans la même lettre, que, selon sa conviction, l'échange de vues qui a eu lieu a obtenu des résultats favorables pour nous en tous points et que le chef de l'Etat-major français avait pleinement compris la nécessité de nous faciliter, dans l'intérêt des deux alliés, notre contrôle de la mer Noire, spécialement en exerçant une pression considérable sur les flottes de nos adversaires possibles, c'est-à-dire surtout sur la flotte de l'Autriche et peut-être aussi sur celles de l'Allemagne et de l'Italie. Dans ce but la France se déclara prête dès le temps de paix à concentrer ses forces maritimes méditerranéennes plus vers l'est, c'est-à-dire vers Bizerte. Le prince Liven considère cette décision, qui est très clairement exprimée dans le procès-verbal, comme un succès d'autant plus grand pour nous qu'il n'est conditionné par aucun engagement de notre part. En général, le prince Liven loue hautement la prévenance, la droiture et la franchise de son collègue français. »

Il est vrai que l'affaire faillit se gâter par un excès de précipitation du côté russe. Tel un jeune cheval bouillant d'ardeur, la diplomatie russe était à chaque instant sur le point de « s'emballer » et les vieux diplomates expérimentés avaient alors grand peine à la tenir en bride. *L'action des Slaves des Balkans — des Bulgares et des Serbes — devait servir de prologue à la guerre pour Constantinople. Dans ce but on fabriqua, avec la participation de la diplomatie russe, entre la Bulgarie et la Serbie un traité secret qui est connu actuellement de tout le monde.* A peine M. Poincaré eut-il jeté un coup d'œil sur ce traité qu'il le définit aussitôt comme « un instrument de guerre ». Mais les craintes du président du Conseil français d'alors étaient provoquées principalement par la déclaration « catégorique » du gouvernement anglais « qu'en aucun cas l'Angleterre ne donnerait son approbation à une pression quelconque exercée sur la Turquie » (Lettre de M. Iswolski du 30 août/12 septembre 1912).

Quant à M. Poincaré lui-même, il considéra l'affaire avec un absolu sang-froid et ne témoigna aucune hésitation. Le passage ci-dessous d'une lettre de M. Iswolski, qui exprime l'opinion du président du Conseil français, ressemble à du Machiavel par sa netteté et son exactitude.

« M. Poincaré me dit que le gouvernement français avait pris en considération en premier lieu les éventualités internationales possibles ; il comprend parfaitement que tel ou tel événement, comme par exemple l'écrasement de la Bulgarie par la Turquie ou une attaque de l'Autriche contre la Serbie, pourraient forcer la Russie à sortir de sa passivité et à faire d'abord des démarches diplomatiques et ensuite à prendre des mesures militaires contre la Turquie ou contre l'Autriche. Selon les déclarations qui nous sont parvenues de la part du gouvernement français, *nous sommes assurés du côté de la France de l'appui diplomatique le plus sincère et le plus énergique. Cependant, dans cette phase des événements, le gouvernement de la République ne serait pas à même d'obtenir du parlement ou de l'opinion publique une sanction à des mesures militaires quelconques. Dans le cas cependant où un conflit avec l'Autriche entraînerait une intervention armée de l'Allemagne, la France le considérerait de prime abord comme un casus fœderis et n'hésiterait pas une minute à remplir ses engagements envers la Russie.* » La France, ajouta M. Poincaré, a indubitablement des sentiments pacifiques et ne cherche

ni ne désire la guerre, mais l'intervention de l'Allemagne contre la Russie changerait immédiatement
ces sentiments », et il est convaincu que, dans ce cas,
le parlement et l'opinion publique approuveraient
à l'unanimité l'attitude résolue du gouvernement
dans le sens d'un appui militaire de la Russie. Puis
M. Poincaré me dit que, « vu la situation critique
dans les Balkans, les organes supérieurs de la direction de l'armée française étudient toutes les éventualités militaires qui pourraient se produire, avec
un redoublement de soin, et qu'il savait que les
experts en la matière et les autorités responsables
jugeaient d'une façon trop optimiste les chances
franco-russes au cas d'un conflit général; cette opinion optimiste se base entre autres sur l'importance
de la nécessité d'une diversion des forces autrichiennes contre les forces réunies des Etats des Balkans.
Un élément favorable pour la Russie et la France
est aussi l'immobilité de l'Italie, qui se trouve liée
par la guerre d'Afrique et par une convention spéciale avec la France. Pour ce qui concerne spécialement la situation de la Méditerranée, la décision
prise tout dernièrement de déplacer la troisième
escadre française de Brest à Toulon fortifie la prépondérance de la flotte française dans ces eaux ».
« Cette décision, ajouta M. Poincaré, a été prise
d'accord avec l'Angleterre et forme la continuation
du développement et le complément des accords déjà
conclus antérieurement entre les Etats-majors des
marines française et anglaise [1].

1. Du même auteur ont paru encore deux autres articles.
Comparez *Pravda* n° 6, du 2 mars, et n° 7 du 9 mars 1919.

SOURCES POUR L'ÉTUDE DES CAUSES DE LA GUERRE EUROPÉENNE

Les sources pour l'étude des causes de la grande guerre sont de genres différents. Dans la littérature, et principalement dans la littérature française, on a jusqu'à présent, pour l'examen de cette question, tenu compte surtout des événements qui ont immédiatement précédé et déclanché la guerre. Ce n'est que peu à peu qu'on a commencé à s'occuper d'événements plus anciens qui sont en rapports indirects mais cependant étroits avec la guerre.

Pour cette édition française on peut admettre que la littérature française est suffisamment connue. Les ouvrages de Demartial, Dupin, Ebray, Gouttenoire de Toury, Judet, Georges Louis, Lucé Marchand, Margueritte, Morhardt, Pevet et d'autres nous démontrent l'intérêt croissant au sujet de cette question en France La littérature anglaise a été également en France, l'objet d'une attention spéciale. Je rappellerai ici seulement les noms de Asquith, Beazley, W.-C. Blunt, Buchanan, Churchill, F.-S. Cocks, Conybeare, Durham, lord Fisher, Gooch, Haldane, Keynes, Loreburn, Morel, Morley, Neilson, Oman et Shaw, ainsi que la revue *Foreign Affairs* s'occupant spécialement de la question des responsabilités. Dans la littérature américaine, on commence également à considérer cette question sous un nouveau point de vue. Comme exemples, je citerai : SIDNEY FAY, *New lights on the origins of the world war* dans l'*American Historical Review*, volumes XXV et XXVI ; St. BRUCE, *The war guilt and peace crime*, et NOCKS (Historicus) *The myth of a guilty nation* dans la revue de New-York « *The Freeman* », 1921, donnant un résumé des livres de MOBEL et NEILSON, les publications de FRÉDÉRICK BAUSMANN, de BARNES et du sénateur OWEN.

J'admets également que le lecteur français a pris connaissance de la littérature italienne sur ce sujet et je mentionnerai sous ce rapport en tout premier lieu la *Rassegna Internationale*, publiée jusqu'à sa mort par le comte LUCIDI. Ajoutons encore les publications de BARBAGALLO, de BISSOLATI, *La politica estera dell' Italia* (1923), de GIOLITTI, *I memorie della mia vita* (1923), de NITTI, *l'Europa sine pace* (1923), de PALAMENGI CRISPI, *Chie responsabile della guerra ?* (1922).

La littérature des pays neutres et surtout celle de l'Allemagne et celle de l'Autriche, ne sont que fort peu connues en France. Ce n'est que récemment que CAMILLE JORDAN a traduit en français les *Documents officiels allemands relatifs aux origines de la guerre* (4 vol. in-8°, 1922, A Costes, édit.), documents d'une grande portée historique. Or, ce sont précisément les nombreuses publications allemandes et autrichiennes parues après la guerre et émanant d'hommes d'Etat et de chefs militaires responsables pendant la guerre, qui permettent de tirer des conclusions importantes pour ce qui concerne la question des responsabilités et des causes.

Pour le développement immédiat des événements avant la déclaration de guerre même, les livres de couleur officiels donnent quelques renseignements sur l'activité diplomatique des différents gouvernements. Pourtant il ne faudra pas attribuer une trop grande valeur historique à ces publications car elles ne sont jamais complètes, une partie des documents restant toujours secrète ; elles ne contiennent, à peu d'exceptions près que des pièces documentaires unilatérales, favorables à leur propre propre cause. Dans l'ensemble c'est en général un exposé établi par chaque gouvernement pour sa propre justification. Le meilleur exemple nous est fourni par le livre orange russe de 1914, et par les récentes publications additionnelles du gouvernement des Soviets avec commentaire détaillé de von ROMBERG. *Die Fälschungen des russischen Orange-buches, der wahre Telegrammwechsel Paris-Pétersburg bei Kriegsausbruch*, Berlin-Leipzig, 1922. (Les falsifications du livre orange russe, le vrai échange de télégrammes entre Paris et Pétersbourg à l'occasion du déclanchement de la guerre.) L'ouvrage de MAX BEER *Le livre arc-en-ciel*, Berné 1916 (en français) nous fournit une grande collection de ces documents. Un autre livre, *Der Kriegsausbruch*, (le déclanchement de la guerre), 1919, ouvrage dû à un Suisse, ERNEST SAUERBECK, contient une critique des documents officiels très détaillée et très consciencieuse, mais manque parfois justement à cause de cela, de concision et de clarté.

On fera bien d'user avec plus de prudence encore

des publications traitant des causes de la guerre qui parurent pendant la guerre même. A très peu d'exceptions près, ce ne sont que des élaborations sans valeur historique, nées sous la pression des événements ou inspirées par la propagande ou l'espionnage, uniquement dans un but de justification.

Les mobiles de ces publications, qui contiennent nombre de faits intéressant sous beaucoup de rapports l'historien, furent divers : la mentalité chauviniste pendant la guerre, comme par exemple la littérature pangermaniste, l'amour-propre blessé, comme chez le prince LICHNOWSKI et MUEHLON, une anglophilie exagérée comme chez ECKARDSTEIN, un esprit d'opposition inné et d'incohérence politique comme chez HARDEN, inconscience et le profit personnel comme chez l'auteur du livre *J'accuse*, GRELLING, un pacifisme exagéré et mal à propos comme chez FRIED, FOERSTER et NICOLAI, une haine aveugle contre la monarchie, combinée avec des idées socialistes ou révolutionnaires, comme chez KAUTSKY et EISNER.

On pourra aussi tirer des conclusions utilisables pour étudier la question des responsabilités de la polémique mutuelle des gouvernements ennemis pendant la guerre, par exemple de la polémique entre sir EDWARD GREY et BETHMANN–HOLLWEG en mai 1916 au sujet de la crise d'annexion de la Bosnie de 1909. Sur le différend anglo-allemand, on consultera aussi la discussion entre HANS DELBRUECK et HEADLAM MORLEY dans la *National Review* de Londres, dont les articles ont été traduit en allemand dans une brochure intitulée : *Deutsch-englische Schuld-Diskussion* (discussion anglo-allemande sur la culpabilité), Verlag fur Politik und Wirtschaft, Berlin 1921.

Encore plus important sont les documents saisis par l'ennemi dont l'authenticité n'a pas pu être démentie du côté adverse. Nous mentionnerons avant tout, dans cet ordre, les pièces documentaires belges, éditées par le ministère des Affaires étrangères allemand (Mittler éditeur, 1915) dont BERNHARD SCHWERTFEGER fit l'objet d'une étude approfondie, *Zur europaeischen Politik, Unveroeffentlichte belgische Dokumente*, 5 vol. (De la politique européenne. Documents belges inédits), 1919.

Font également partie de cette catégorie les pièces documentaires russes qui ont dû à la révolution d'être mises au jour et qui ont été commentées principalement par POKROWSKI, MAXIME GORKI et d'autres dans différents journaux russes, tels que la *Pravda*, *l'Isvestia* et la *Novaja Gisnj*. Les publications de POKROWSKI ont été réunies sous le titre : *Trois conférences de Pokrowski* (Hambourg, 1920, Hoym éditeur). Nous devons également mentionner ici la publication des *Extraits du journal de l'empereur Nicolas II* et celle de la *Correspondance entre Guillaume II et Nicolas II*. Les mémoires du comte WITTE, du baron ROSEN et ceux d'ISWOLSKI nous fournissent aussi indirectement des indications utiles pour mieux comprendre le développement des événements.

Le matériel documentaire russe a été réuni par le gouvernement allemand dans un livre blanc qui n'était pas destiné au grand public, sous le titre *Documents tirés des archives russes secrètes, tels qu'ils nous sont parvenus jusqu'au premier juillet*

1918 (Berlin, 1918). Ensuite le gouvernement allemand a publié, en juin 1919 un nouveau recueil de documents à sa décharge, de source officielle d'origine allemande, autrichienne, russe et serbe comme réplique au rapport de la commission des gouvernements alliés et associés sur les responsabilités des auteurs de la guerre. A la même époque parut également un *livre blanc* officiel allemand avec traduction française : *L'Allemagne est-elle coupable?* (deux cahiers, Berlin, 1919, Charles Heymann éditeur).

D'une grande importance est la publication à titre privé de l'ancien diplomate russe, B. de Siebert, qui renseigne surtout sur les relations de la Russie avec l'Angleterre et la France : Siebert, *Diplomatische Aktenstuecke zur Geschichte der Ententepolitik der Vorkriegsjahre* (1921). (Documents diplomatiques sur l'histoire politique de l'Entente d'avant-guerre). Le même auteur a publié dans la revue *Sueddeutsche Monatshefte* (cahiers mensuels de l'Allemagne du Sud), dans le numéro de janvier 1922, de nouveaux documents russes s'occupant entre autres aussi de la conférence de Londres de 1912 et contenant différentes lettres échangées entre MM. Iswolski et Sasonow, compromettantes pour M. Poincaré. M. René Marchand, chargé par le gouvernement des Soviets, d'étudier les archives russes, a commencé la publication des documents. *Un livre noir. Diplomatie d'avant-guerre d'après les documents des archives russes, novembre 1910, juillet 1914*, t. I, 1910-1912 (Paris, 1922, libr. du travail, édit.), t. II, 1912-1914 (Paris, 1923, id.). La correspondance diplomatique, parue

dans le *livre noir* et dans diverses publications
de journaux, a été récemment groupée dans six
volumes édités en Allemagne : *Der diplomatische
Schriftwechsel Iswolskis, 1911-1914. im Auftrage
des deutschen Auswürtigen Amtes in deutscher
Uebertragung herausgegeben von Friedrich Stieve
Berlin, 1925, Deutsche Virlagsgesellschaft für Politik und Geschichte* avec commentaire.

Des sources historiques de tout premier ordre
sont les documents complets publiés en Autriche et
en Allemagne par les nouveaux gouvernements républicains sous le contrôle de critiques experts et im-
partiaux. La première série de ces documents a trait
aux événements qui ont précédé immédiatement
la guerre. Ce sont : *Die deutschen Dokumente zum
Kriegsausbrush* (Documents allemands concernant le
déclanchement de la guerre), 4 volumes recueillis par
KAUTSKY et publiés par le comte MONGELAS et le professeur SCHUECKING. Ils vont de l'époque de l'attentat
de Sarajevo jusqu'à celle où la guerre a éclaté. Un
recueil de grande envergure de tous les documents
importants du Ministère allemand des Affaires
Etrangères des années 1871-1924, en vingt à vingt-
cinq volumes, publiés par LEPSIUS, MENDELSOHN-BAR-
THOLDY et THIMME est en préparation. Vingt et un
premiers volumes ont paru : *Die grosse Politik der
europæischen Kabinettee 1871-1914* (La grande
politique des gouvernements européens, *Samm-
lung der diplo matischen Aktenstücke des Duswær-
tigen Amtes*, Band 1-6 : *Die Bismarckzeit* (le temps
de Bismarck); Band 7-12 : *Der neue Kurs (von den
Anfængen des neuen Kurses bis zum Eintritt des
Kaiserreiches in die Weltpolitik)* (le nouveau régime

du commencement du nouveau régime jusqu'à l'entrée du nouveau régime dans la politique mondiale) ; Band 13-18 : *Die Politik der freier Hand* (la politique de la main libre) ; Band 19-21 : *Die Isolierung der mittelmachte* (l'isolement des puissances centrales).

Dans le but de dégager la responsabilité pour la guerre des chefs militaires et des hommes d'État allemands, des commissions spéciales, composées de membres du Reichstag, ont fait publier différents documents, entre autre des renseignements émanant d'anciens hommes d'Etat comme BETHMANN-HOLLWEG et de M. de JAGOW, ainsi que des rapports du comte MONGELAS et du professeur HŒNIGER sur les préparatifs militaires et sur la mobilisation. *Weissbücher des parlameentarischen Untersuchungsausschusses zur Vorgeschichte des Weltkrieges* (livres blancs de la commission d'enquête parlementaire concernant les précédents de la guerre mondiale), cahier 1 : *Schriftliche Auskünfte deutscher Staatsmænner,* (Renseignements par écrit d'hommes d'Etat allemand), Berlin 1920 ; cahier 2 : *Militærische Rüstungen und Mobilmachungen),* (Préparatifs militaires et mobilisations) Berlin 1921 ; Heft 3, *Die Haltung der deutschen Regierung auf den Haagerfriedenskonferenzen von 1899 und 1904.* (L'attitude du Gouvernement allemand aux conférences de La Haye), Berlin, 1923. En préparation le cahier 4 : *Vorgeschichte und Folgen des Attentates von Sarajevo bis zum 27 juli 1914* (Evénements qui ont précédé et suivi l'attentat de Sarajevo jusqu'au 27 juillet 1914).

Pour ce qui concerne l'Autriche, les documents

se rapportant aux événements du 28 juin au 27 août 1914 ont été également publiés par le Ministère des Affaires Etrangères de la République autrichienne : *Diplomatische Aktenstuecke zur Vorgeschichte des Krieges 1914* (Documents diplomatiques sur les événements qui ont précédé la guerre). Il en existe également une édition française. Ces documents ont été commentés par RODERICH GOOS, *Das Wiener Kabinett und die Entstehung des Weltkrieges*, 1919 (Le cabinet de Vienne et les origines de la guerre mondiale). Cette publication n'a pas été continuée, le nouveau gouvernement autrichien, ayant conclu des accords spéciaux avec les nouveaux états de succession de l'ancienne monarchie. Par exemple l'Autriche s'est engagée vis-à-vis de la Yougoslavie à ne pas publier des documents de ses archives à partir de l'an 1900. En agissant ainsi, le gouvernement de Vienne s'est privé, à son propre détriment et à celui de l'enquête historique, de toute possibilité d'éclaircissement et de justification.

Les publications de ce genre, montrent nettement quelle est la voie à suivre dans le domaine des recherches des origines de la guerre et ce n'est que lorsque, dans tous les autres pays belligérants, on procédera également à l'ouverture des archives, que l'on pourra avoir une appréciation plus approfondie des origines et des responsabilités de la guerre.

Parmi les publications d'ordre privé qui éclairent les choses, nous citerons en premier lieu le livre de l'ancien chancelier de l'empire, BETHMANN'HOLLWEG, *Betrachtungen zum Weltkriege* (Considérations sur la guerre mondiale), 2 vol. 1919 et 1921 (le second volume, œuvre posthume), ainsi que celui de l'ancien Secrétaire d'état von Jagow *Ursachen und Ausbruch des Weltkrieges* (Origines et déclanchement de la guerre). Ces deux ouvrages se distinguent par l'objectivité et la distinction de leur exposé. On trouvera aussi des indications utiles pour ce qui concerne spécialement les questions allemandes dans les publications de Helfferich : *Der Weltkrieg* (la guerre mondiale), 3 vol. 1919 et de Hammann, ancien chef du bureau de la presse au Ministère des Affaires Etrangères, *Der neue Kurs* (Le nouveau régime), *Vorgeschichte des Weltkrieges* (Histoire des événements qui précédèrent la guerre), *Um den Kaiser* (Autour de l'empereur), *Der missverstandene Bismarck* (Bismarck méconnu), *Bilder aus der letzten Kaiserzeit* (Tableaux du dernier temps de l'empire), *Deutsche weespolitike* (Politique mondiale allemande), 6 volumes, 1919-1925. Intéressante, parce que du côté socialiste, est la publication de E. David, *Wer traegt die Schuld am Kriege* (Qui porte la responsabilité de la guerre ?) 1919.

Le livre de B. W. de Buelow, ancien conseiller de légation au Ministère des Affaires étrangères, *Die Grundlinien der diplomatischen Verhandlungen bei Kriegsausbruch* (Les bases des négociations politiques lors de la déclaration de la guerre) 1920 contient un résumé critique des événements, de la littérature et des publications officielles jusqu'à 1920. Il existe déjà une troisième édition de ce livre intitulée : *Die Krisis* (La crise), Berlin, 1922. Du même auteur : *Die ersten Stundenschlæge des Weltkrieges* (Les premières heures de la guerre mondiale) Berlin, 1922, contenant une liste chronologique des faits importants qui ont précédé la guerre.

Sont encore à noter : comte MONGELAS, *Zur Schuldfrage* (de la question des responsabilités), 1921 et surtout *Leitfaden zur Kriegsschuldfrage*, (guide sur la question des responsabilités), Berlin, 1923, très recommandable pour l'orientation générale en cette matière ; ce dernier ouvrage a été traduit en français par M. GOUTTENOIRE DE TOURY, sous le titre : *Un plaidoyer allemand*, ROHRBACH, *Die Beweise der Verantwortlichkeit der Entente am Weltkriege* (Preuve de la responsabilité de l'Entente dans la guerre), 1921. GEORGES KARO, *Die Verantwortung der Entente am Weltkriege*, (la responsabilité de l'Entente concernant la guerre), Halle, 1921, SCHWERTFEGER, *Poincaré und die Schuld am Kriege* (Poincaré et la responsabilité de la guerre), Berlin, 1921. BRENTANO, *Der Weltkrieg und E. D. Morel* (la guerre mondiale et E. D. Morel), Munich, 1921. EUGÈNE FISCHER, membre de la commission d'enquête parlementaire du Reichstag, *Plaidoyer vor einem Gerichtshof redlicher Menschen in Sachen der Kriegsschuld* (Plaidoyer devant un tribunal d'honnêtes gens sur la question des responsabilités de la guerre), 1921. *Die Tragoedie Deutschlands von einem Deutschen* (la tragédie de l'Allemagne par un allemand), Duncker et Humblodt éditeur, Leipzig, 1921, avec des opinions qui intéresseront le lecteur français, VEIT VALENTIN, *Deutsche Aussenpolitik* (Politique extérieure allemande), 1922, LUTZ, *Fair play für Deutschland*, 1924 (faire play pour l'Allemagne).

Dans les collections de ces dernières années des

périodiques allemands *Preussische Jahrbuecher* (Annuaire prussien), *Süddeutsche Monatshefte* (Cahiers mensuels de l'Allemagne du sud), du professeur Cossmann, à Munich, (dans le numéro du mois de mai 1922 de cette revue a été publié le compte-rendu du procès de Fechenbach, secrétaire de Kurt Eisner, avec d'importantes révélations), *Archiv. für Politik und Geschichte*, (Archive de politique et d'histoire), *Europäische Gespräche*, (Conversations européennes), *Deutsche Politik* (Politique allemande, *Deutsche Rundschau* (Revue allemande), *Der Grenzbote* (Messager de la frontière) *Oesterreichische Rundschau* (Revue autrichienne) et d'autres, on trouvera différents articles traitant de la question des responsabilités, tels ceux de B. W. DE BUELOW, COSSMANN, LEPSINS, SIEBERT, KARD, DELBRUECK, FESTER, LUTZ, comte MONGELAS, JAECKH, ROHRBACH, THIMME et d'autres. On pourra aussi consulter, malgré maints points de vue bien discutables, la revue *Reichswart* (Garde de l'empire) du comte REVENTLOW ainsi que sa *Politische Vorgeschichte des grossen Krieges* (Histoire politique de la grande guerre), 1919. D'une haute importance est également la revue russe de Moscou, *Krassny Archiv.*

CHARLES KAUTSKY dans son ouvrage *Wie der Weltkrieg entstand* (De l'origine de la guerre mondiale) a affirmé que seul le gouvernement allemand était responsable de la guerre. Cependant après une discussion polémique avec DELBRUECK, *Kautsky und Harden*, avec le comte MONGELAS, *Glossen zum Kautsky-Buch*, avec HELMHOLT et THIMME, il a eu l'honnêteté et le courage d'avouer : « Je fus fort surpris quand j'eus pris connaissance des documents. Ma façon de voir primordiale m'apparut comme insoutenable. L'Allemagne n'a pas travaillé méthodiquement pour déclancher la guerre mondiale. Au contraire elle a cherché finalement à l'éviter. » (Voir KAUTSKY, *Delbrueck und Wilhelm II*, page 37, et DELBRUECK, *Karl Kautsky Gewissensbisse*, dans la revue *Deutsche Politik*, 1921, page 713).

Pour ce qui concerne les monographies autrichiennes, nous attirerons l'attention sur les ouvrages de NOWAK *Der Weg zur Katastrophe* (Comment on aboutit à la catastrophe), de HOYOS, *Der deutsch englische Gyensatz*, 1922 (L'antagonisme anglo-allemand), de MUSULIN, *Das Haus am Ballplatz* (La maison du Ballplatz), 1924, sur le livre du comte CZERNIN, *Im Weltkriege*, (Dans la guerre mondiale), 1919, sur le livre du comte JULES ANDRASSY, *Diplomatie und Weltkrieg*, (Diplomatie et guerre mondiale), 1920, sur celui du prince LOUIS WINDISCHGRAETZ, *Vom roten zum schwarzen Prinzen*, (Prince rouge, prince noir), 1920, sur celui de PRIBRAM, *Die politischen Geheimvertraege Oesterreichs* (Les traités politiques secrets de l'Autriche) vol. I, 1920. Parmi les ouvrages autrichiens de date plus ancienne, nous mentionnerons comme devant être consultés au sujet de la politique autrichienne et de la question des Balkans : WERTHEIMER, *Graf Julius Andrassy*, 3 volumes, SOSNOSKY, *Die Balkanpolitik Oesterreich'Ungarns*, et FRIEDJUNG, *Im Zeitalter des Imperialismuses*, (A l'époque de l'impérialisme), 3 vol., Berlin, 1919-1922.

Les publications de LÉOPOLD MANDL, notamment son livre *Les Habsbourg et la question Serbe* donnent des dates très instructives sur les relations austro-serbes. Du même auteur paraîtra sous peu un livre sur les relations austro-serbes qui démontrera le développement de ces relations sous un nouvel aspect. En connexion avec les publications de Mandl, il faut aussi citer le livre de SEATON WATSON (SCOTUS VIATOR) *Die südslawische Frage im Habsburger Reich* (La question des yougoslaves dans la monarchie des Habsbourgs), 1911, et, concernant spécialement la question croate, le livre de SUDLAND (pseudonyme), *Die südslawische Frage und der Weltkrieg* (la question yougoslave et la guerre mondiale), 1918 et les ouvrages concernant la Bulgarie de GUÉCHOFF et de RADOSLAVOFF.

De la littérature allemande des mémoires nous citerons : Comte POURTALÈS, *Am Scheidewege zwischen Krieg und Frieden* (Au carrefour entre la guerre et la paix), le prince LICHNOWSKI, *Meine Londoner Mission* (Ma mission à Londres), VON ECKARDSTEIN, *Lebenserinnerungen* (Souvenirs de ma vie), 3 vol., 1919-1921, le comte BERNSTORFF, *Deutschland und Amerika*, VON SCHOEN, *Erlebtes* (Choses vécues). DELBRÜCK, *Der Stand der Kriegschuldfrage*, 1925, JAECKH, *Kiderlen-Waechter*, 2 vol., 1924 et DIRR, *Kriegsschuldfraze und bayerische Dokuminke* (Documents bavarois), 1924.

Fournissent également des points de repère indirects pour l'appréciation de la question des responsabilités, les publications du comte BROCKDORF-RANTZAU, de SCHEIDEMANN et de BERNSTEIN.

L'empereur GUILLAUME II a personnellement recueilli et fait publier dans ses *Vergleichende Geschichtstabellen von 1878 bis zum Kriegsaus-*

bruche 1914 (Tableaux historiques comparatifs de 1878-1914), Koehler editeur, Leipzig, 1922, un aperçu d'ensemble synoptique des événements politiques de ces quelques dizaines d'années, aperçu qui se borne à une pure citation et qui s'abstient de tout jugement critique. L'ouvrage a été traduit en français par APPUHN et RENOUVIN. Le livre *Ereignisse und Gestalten* (Mémoires de Guillaume II), Berlin, 1922, est suffisamment connu par les traductions des journaux français.

A côté des œuvres d'ordre politique, on trouve dans les publications traitant de questions militaires maintes critiques intéressantes et défavorables à la direction politique des puissances centrales pendant la guerre. Nous citerons ici en première ligne les deux livres de LUDENDORFF, *Meine Erinnerungen* (Souvenirs personnels), et *Kriegsfuehrung und Politik* (Conduite de guerre et politique), les mémoires de TIRPITZ et l'ouvrage du maréchal autrichien CONRAD VON HOETZENDORF *Aus meiner Dienstzeit 1906-1918* (Souvenirs de mon service militaire), 1921-1923, jusqu'à présent 4 volumes, vol. I, 1906-1909. *Die Zeit der Annexionskrise* (La période de la crise de l'annexion), vol. 2, 1910-1912. *Die Zeit des lybischen Krieges und des Bolkankrieges bis Ende 1912*, (Là période de la guerre tripolitaine et de la guerre balkanique jusque fin 1912), vol. 3. *1913 und erstes Halb jahr 1914* (1913 et premier semestre 1914), vol. 4. *Die Zeit des Weltkrieges bis zum Herbst 1915*, (la guerre mondiale jusqu'en automne 1915). Citons encore le livre de *Hindenburg* qui, par la simplicité et la modestie de l'exposé inspire la sympathie. Important au point de vue de la question de savoir, si l'Allemagne se préparait à une guerre offensive, est le document de l'Etat-major allemand, *Hat der deutsche Generalstab zum Kriege getrieben ?* (l'Etat-major allemand a-t-il poussé à la guerre ?), Berlin, 1919. Au point de vue militaire général mérite d'être signalé le livre du général KUHL, *Der deutsche Generalstab In Vorbereitung und Durchfuehrung des Weltkrieges* (Préparation et conduite de la guerre de l'Etat-major allemand), 1920.

Au sujet de la mobilisation russe, qui a été si grave, les révélations du procès Suchomlinow offrent des renseignements importants. (Voir à ce sujet HOENIGER, *Russlands Vorbereitung zum Weltkriege* (Préparation de la Russie à la guerre mondiale), 1919. Particulièrement importantes sont pour l'appréciation de cette question les déductions des membres de commission d'enquête du Reichstag, MM. le comte MONTGELAS et ROBERT HOENIGER, *Zweites Weissbuch des Untersuchungsausschusses zur Vorgeschichte des Weltkrieges* (Deuxième livre blanc de la commission d'enquête), I-VIII, Berlin, 1921. La publication sur les détails de la mobilisation russe du général russe DOBROROLSKI dans la revue militaire serbe *Vojni Zbornik* a été commenté par le conseiller des archives de l'État allemand G. FRANTZ, *Russlands Eintritt in den Weltkrieg* (L'entrée de la Russie dans la guerre mondiale, Berlin, 1924). Une traduction française du mémoire de Dobrorolski a paru dans la *Revue d'Histoire de la Guerre Mondiale*, Alfred Costes, éditeurs, 1923. Ici sont aussi à noter les mémoires du général Souchomlinov, édition russe et allemande, 1924.

De la littérature neutre, sont à mentionner : les ouvrages suisses : Kuno Hofer, *Die Keime des grossen Krieges*, 2e ed., 1919, Hermann Stegemann, *Die Geschichte des Krieges* (L'histoire de là guerre), 4 volumes, 1919-1922 ; l'ouvrage hollandais de N. Japikse, *Die Stellung Hollands im Weltkriege*, (L'attitude des Pays-Bas pendant la guerre) ; les ouvrages suédois, Kjellen, *Die Grossmaechte und die Weltkrisis* (Les grandes puissances et la crise mondiale), *Dreibund und Dreiverband* (Triplice et Triple-Entente) 1921, et Johan Bergman, *Vaerldhistorien* (histoire mondiale), Stockholm, 1921.

En Serbie personne n'a encore osé aborder la question.

Il y a seulement peu de temps que le professeur Stanoie Stanoievitch dans une brochure intitulée : *L'assassinat de l'archiduc François-Ferdinand* a eu l'audace d'essayer de disculper le gouvernement serbe et de rejeter toute la responsabilité sur deux officiers, le colonel Dragoutine Dimitrievitch et le commandant Tankositch. Cependant M. Ljouba Yovanovitch, ministre des Cultes en 1914 a affirmé dans un article paru dans le livre serbe *Krv slovenstva* (il existe une traduction anglaise dans la *National Review* et une traduction allemande dans la revue *Die Kriegsschuldfrage*, février 1925) que le gouvernement serbe *a eu connaissance des préparatifs de l'attentat*. Or le gouvernement serbe a d'un côté prétendu n'avoir pas eu connaissance du complot et de l'autre côté avoir averti à temps le gouvernement autrichien ! (Voir E. Denis, *La grande Serbie* 1915, page 277). Il ressort des recherches faites à ce sujet (voir Boghitchévitch dans la revue

Die Kriegsschuldfrage, juillet 1924 et M. E. Durham dans la *Contemporary Review* de Londres, novembre 1924) que le gouvernement serbe a bien eu connaissance des préparatifs de l'assassinat et qu'il n'a pas averti comme il le prétendait le gouvernement autrichien. On connaît aujourd'hui tous les antécédents et toutes les complicités qui ont abouti à la tragédie de Sarajévo et il paraîtra sous peu une nouvelle publication à ce sujet qui élucidera complètement cette partie des responsabilités. Pour toute cette question le procès de Salonique (1917) a eu aussi une grande importance (voir la revue *Wilgsschuldfrage*, avril 1924).

Il ressort de ces quelques indications que la question des véritables origines de la guerre fait l'objet dans presque tous les pays d'un examen approfondi et impartial. En Allemagne on a même fondé tout récemment dans ce but un *Bureau central pour la recherche des origines de la guerre* qui publie une revue mensuelle, *Die Kriegsschuldfrage* (la question des responsabilités de la guerre), et dans les pays neutres, comme par exemple aux Pays-Bas, en Suède et en Norvège, se sont formés des comités de savants et d'hommes d'État pour étudier cette question. Une commission spéciale d'enquête du parlement allemand s'en occupe aussi exclusivement. En France, comme on le sait, une société d'études documentaires et critiques sur la guerre s'est également fondée. Aux Etats-Unis le Sénat a décidé sur la proposition du sénateur Owen, qu'une commission collectionne tout ce qui se rapporte à cette question (faits nouveaux et littérature) et qu'elle soumette son rapport au comité du sénat des affai-

res étrangères au plus tard le 1er février 1926. En
Angleterre le professeur Cooch a été chargé des
recherches sur les origines et causes de la grande
guerre. A Stuttgart on a fondé une bibliothèque,
subventionnée par l'état où on rassemble tous les
ouvrages se rapportant à la grande guerre et à ses
causes. Cette bibliothèque est jusqu'à ce jour unique en son genre.

Celui qui voudra encore plus explicitement se
renseigner sur la littérature déjà existante devra
consulter la bibliographie de la revue *Die Kriegsschuldfrage* cahier spécial de la première année fin
1923 avec notes additionnelles décembre 1924, ensuite Josef Kunz, *Bibliographie der Kriegslitera-
tur* et enfin : *Die Kriegsschuldfrage, ein Verzeichnis
der Literatur des In-und Auslandes. Verlag des
Börsenvereines der deutschen Buchhandler*, Leipzig
1925. (Catalogue de la littérature du pays et de
l'étranger publié par l'association des libraires allemands.)

L'opinion sur les causes de la guerre qui a pré-
valu jusqu'ici dans les pays de l'Entente est suffisamment connue. Elle se trouve exprimée sous sa
forme la plus succincte dans le texte même du traité
de Versailles. Il sera vain de vouloir parler de rapprochement entre les peuples, tant que l'on se fon-
dera sur ce verdict de culpabilité. Ce n'est que peu
à peu, lorsque la conviction aura pénétré la grande
masse, qu'une révision générale de la question est
nécessaire, qu'il sera possible d'entrevoir un rapprochement et durable entre les anciens belligérants.

Quiconque voudra bien se donner la peine d'aborder de plus près, cette question, si importante pour

le développement futur des rapports entre les peuples, sera bien obligé de réviser les opinions qu'il avait jusqu'ici sur les responsabilités et sur les origines de la guerre. « Right or wrong my country », « ma patrie a toujours raison », doit devenir une conception surannée. C'est alors seulement qu'on pourra parler d'un nouveau progrès de l'humanité.

TABLE DES MATIÈRES

ACHEVÉ D'IMPRIMER
POUR F. RIEDER ET Cⁱᵉ
PAR FLOCH A MAYENNE
= EN JUIN 1925 =